董事会与董事作为

孙 旭 著

中国原子能出版社

图书在版编目（CIP）数据

董事会与董事作为 / 孙旭著. —北京：中国原子能出版社，2019.1（2025.6 重印）
ISBN 978-7-5022-9490-8

Ⅰ. ①董… Ⅱ. ①孙… Ⅲ. ①董事会–研究②董事–研究 Ⅳ. ①F271.5②F276.6

中国版本图书馆 CIP 数据核字（2018）第 265103 号

董事会与董事作为

出版发行	中国原子能出版社（北京市海淀区阜成路 43 号 100048）
策划编辑	王 丹
责任编辑	左浚茹
装帧设计	崔 彤
责任校对	冯莲凤
责任印制	赵 明
印 刷	北京厚诚则铭印刷科技有限公司
开 本	710 mm×1000 mm 1/16
印 张	14
字 数	200 千字
版 次	2019 年 1 月第 1 版 2025 年 6 月第 3 次印刷
书 号	ISBN 978-7-5022-9490-8
定 价	**58.00 元**

网址：http://www.aep.com.cn **E-mail：atomep123@126.com**

发行电话：010-68452845

序　言

中国广核集团（简称中广核）是伴随我国改革开放和核电事业发展逐步成长壮大起来的中央企业，由核心企业中国广核集团有限公司及40多家主要成员公司组成的国家特大型企业集团。中广核以“发展清洁能源，造福人类社会”为使命，以“成为世界一流清洁能源企业”为愿景。目前，中广核拥有在运核电机组21台，装机容量2 255万千瓦；在建核电机组7台，装机容量918万千瓦；拥有风电控股装机容量达1 134万千瓦，太阳能光伏发电项目控股装机容量238万千瓦，海外新能源控股装机容量1 160万千瓦。此外，中广核在分布式能源、核技术应用、天然气产业等领域也取得了良好发展。

中广核之所以取得较好的发展，坚持和贯彻“安全第一、质量第一、追求卓越”的基本原则是关键，规范的公司治理和有效的董事会运作是根本。中广核从大亚湾起步就参照西方现代企业制度，结合我国国情，依据合营公司章程、合营合同，构建了股东会、董事会和经理层有效的制衡机制，为中广核持续高速发展奠定了良好的治理基础。虽然时代和发展要求在不断变化，但大部分优秀制度和文化的核心思想和基本原则传承至今，从核电领域扩展到中广核其他各领域，从大亚湾到业务遍布全球，坚持“一次把事情做好”已成为中广核人的核心理念和行为准则。

从大亚湾开始高起点起步，中广核治理管控和董事会运作发挥了极为重要的作用，中广核创新开展了中央企业专职董事制度，一批优秀的专职董事在中广核成员企业董事会中发挥了积极的作用，孙旭董事就是其中一员。孙旭在中广核多家成员企业任职，对中广核的全面情况比较熟悉，他善于学习，勤于思考，通过多年担任专职董事的实践，掌握了公司治理理论与实务，对公司经营管理的重大问题，他总能做到深度思考并提出切实可行的解决方案，得到股东和经营层的普遍认可。《董事会与董事作为》这本书是他多年工作实践和思考的成果，希望孙旭董事再接再厉，为中广核成为世界一流清洁能源企业目标，在公司治理和管控方面发挥更大作用、创造更大价值、做出更大贡献！

施　兵

2018 年 8 月 7 日

（注：施兵，中国广核集团有限公司党委常委、副总经理）

引　言

新时代，新角色，新作为

——孙旭《董事会与董事作为》小引

在满怀激情迎接我国改革开放政策实施 40 周年的喜庆氛围中，很高兴读到了我的老朋友孙旭《董事会与董事作为》的书稿，由衷地感到兴奋。我们俩多年来几乎并肩经历着、观察着、感受着我国改革开放的进程，有过多次交流与探讨，并一起推动过我们曾经想做成的对我们来说是伟大的事情。这篇力作，展现了他的内心，也展现了他这么多年来孜孜不倦的努力成果。这本书，引发了我对过往岁月的认真反思。

我们在企业工作。从本质上说，企业是经济活动实体，企业以优秀的可持续的经营业绩为追求目标。如何使企业在市场经济环境下生存发展壮大，应当是每一个企业人挥之不去的念想。孙旭在本书中的思考，对我们会很有启发。

（一）

改革开放之前，严格来说在我国大陆并没有真正意义上的现代企业（公司），所有的只是“单位”。单位的人财物产供销，都在国家计划的大笼子里综合协调。这样的组织架构下，经营管理者只知道自己会生产什么，却不知道社会需要什么，只知道自己能生产多少，却不关心社会需要多少，他们只要完成了上级下达的任务便万事大吉。在单位内部，因为人人都是“主人”，什么事都要“一碗水端平”，待遇上体现无差别境界，“干不干，二斤半”。诸多弊端由此产生，如人浮于事、效率低下、浪费严重、物资短缺、货不对板等问题，一直为民众所诟病。这样一种体制，显然很难促进生产力的高速均衡发展，实现“四个现代化”，很难适应以市场为导向的社会经济活动。1978 年以来，各方都在设法做出改变，尝试了各种手段，租赁制、承包制、资产经营责任制，企业内部管理方面的计件工资制、绩效考评、“满负荷工作法”等，虽都有些效果，却不能从根本上解决问题。

要实现真正的国家现代化，建立以市场为导向的社会生产组织方式，出路只有一个，那就是改造“单位”，把它变成真正能够在竞争中存活的市场经营主体，通过公司制改造，建立起真正的现代企业制度，中央十四届三中全会概括的“产权清晰、权责明确、政企分开、管理科学”十六个字，准确击中了计划经济体制下传统企业痼疾的要害，它阐明的就是现代企业制度的基本特征。

有了产权清晰这一大前提，管理科学便有了可能。管理科学中的现代企业制度，与传统的国有企业制度不同，与改革以来形成的过渡性企业制度也不同。在公司治理结构方面，它体现为三会一部的设立，企业内部建立起由股东大会、董事会、监事会、经理层构成的相互依赖又相互制衡的治理结构。在这一构架下，股东会是产权所有者，在股东会的领导下，由董事会、监事会和经营管理层形成相互分工协作又相互制约的三角形结构。董事会是由股东会推选出来的代表组成的决策机构，而监事会系受股东会委托，对董事会及经理部的决策与运作实施独立监督，确保公司的运作合法合规，符合公司的既定战略与经营标的。经理部是公司的行政执行层，它必须对董事会负责，受监事会监督。

我们由此可以知道，董事会本质上是股东会的代理，受股东会委托，以形成决议的方式行使企业经营管理职能，对经理层的运作实施干预。董事会对股东会负责，董事会是公司的最重要的决策和管理机构，公司的事务和业务均在董事会的领导下，由董事会选出的董事长、常务董事具体执行。

董事会作为股东会的代理人，与监事会、经理部，形成了一个稳固的三角关系。作为现代企业制度中的组织架构设计，董事会是不可或缺的，而且董事会的权力与使命，相对经理层和监事会而言，具有更高的重要性。

但是从另一个角度来看，董事会并非无所不能，更不能随心所欲。在现代企业制度下，不管出现什么情况，除非宣告破产清算，董事会是不可撤销的。然而当董事会的行为违反了股东利益时，产权所有者可以通过撤换个别甚至多数现任董事的办法，改组董事会，使之回复到股东所期望的运作状态。

股东会、董事会、监事会，以及经理部，都是由人组成的。在具体运作中，难免出现利益博弈与理念冲突的情况，这是一种相互制约的正常现象。然而所有人都应该知道，不管如何纠结，只有企业做好做大做强，才符合所有利益相关方的共同根本利益。如何处理好所有者、经营者、管理者、监督者之间的权利与利益平衡，是一种技巧，也是一个需要学习的功课。

体制的深度转变，最困难的是人认识观念的颠覆性转变。把市场经济简单地理解为“货比三家”“放开搞活”“有水快流”，把体制改革曲解为“权力的再分配”或“简政放权”，事情是搞不好的。改革开放初期的一二十年内，从事企业运作的人们，即人们所说的企业家，他们在认识、思路、战略与个性方面的碰撞，曾经带来无尽的烦恼。距今 20 年前，从事企业文化研究的学者陈惠湘推出的著作《中国企业批判》，就真实地记录反思了这一痛苦的过程。如今，中国的企业家已经走完了“万里长征的第一步”，但陈惠湘的书依然可以用来推动我们做深度思考。

我们花了三十多年的时间，总算迈过了建立现代企业制度这道坎，期间的艰辛，我们都是亲历者。如今回看这段历史，我们依然痛并快乐着。

企业管理的进步没有止境，过了第一道坎，摆在面前的依然有很长的路。现实生活中，构建稳固的企业管理“金三角”，说起来容易，实践中却障碍重重。不少公司的董事会，并未达到理论设计中预想的最佳状态，本不该发生在董事会上的无休无止利益博弈和权力纷争，成为不时翻新上演的内斗小品。作为董事会成员的专职董事和独立董事，该有着怎样的担当与耐心，自是不言而喻的。

虽然困难重重，我们只能往前冲，努力维系并改进董事会的正常运作。董事会制度是现代企业制度的核心要件，没有董事会是万万不能的。任何想架空、旁路、操控董事会、蔑视董事权威的企图，都是在挑战现代企业制度，都是在瓦解企业健康生存的基础，都是在倒退。

（二）

中国广核集团有限公司（简称中广核集团，英文缩写：CGN）是新型央企，是改革开放政策的产物，也是这一国策结下的硕果。

中广核集团的起家基础是1985年成立的广东核电合营有限公司（简称合营公司）（GNPJVC），其两个股东分别是广东核电投资有限公司（GNIC）和港资中华电力公司（CLP）旗下的香港核电投资有限公司（HKNIC），这是当时国家最大的合资企业，负责建设运营两台百万千瓦级压水堆核电机组的大亚湾核电站，为广东和香港提供稳定可靠且价格合理的电力。

中国内地的首个商业用核电站，是采用全面引进资金、技术、装备和管理的办法建成的。资金方面，项目充分依靠国家的政策扶持，运用社会融资手段，以英法两国政府的出口信贷为主，辅以必要的商业贷款，没有动用国库资金。技术与装备方面，选择了国际上成熟的压水堆技术，以及英法两国强大工业基础所能提供的核级设备和先进重型装备。管理方面，引进了法国电力公司（EDF）和美国柏克德公司（Bechtel）的成套管理理念与程序，运用国际化人才，组建起当时国内并不多见的“多国部队”，保证了项目的成功。

与此同时，广东核电还利用与港资中华电力公司合营的机遇，全面引进了西方成熟企业的管理制度，其中包括关键的“三会”和以逐级授权为特点的总经理部运作机制。这在当时的中国内地，应当属于建立现代企业管理制度的首次试水，而且是成功的。正如一位中央领导人所指出的那样，广东核电不仅建成了大陆第一座大型商用核电站，而且为建立现代企业制度作了有益的尝试。

广东核电合营有限公司的授权制度、审计制度、质量保证管理制度、核安全监管制度，开了我国现代管理实践的先河，是第一批在大陆面世的先进管理工具。

公司的董事会运作堪称楷模。每季度一次的董事会，总是提前三个月预作安排，按时开会，从不例外。董事无故不得缺席，每次到会的董事人数永远符合法定要求。会议议题必有书面文件，总留有足够时间供董事研读或作补充调研。每位董事在会议上的讨论细节与发言记录，都经本人审阅后如实地附在董事会的会议纪要之后，随时可以查阅检查，以示负责。董事会形成的决议及督办事项，行政团队必须在下次董事会上做出书面回复，并接受董事们面对面的质询，直到会议认为满意，“待办事项（pending issue）”才可以决定予以关闭，所有过程全部记录存档进入历史。这一系列精准的制度设计，使董事会会议真正做到了“会必议，议必决，决必行，行必果”。广东核电由此形成了良好的企业管理规范，这一规范深深植入到企业管理层内心，成为行为习惯，形成了企业可遗传可复制的优秀基因。广东核电的良好实践，成了兄弟企业竞相仿效的模板。

1994 年春，大亚湾核电站成功投产以后，中央决定以广东核电合营公司的中方权益为基础，组建中国广东核电集团有限公司（简称中广核集团），以便实践“以核养核，滚动发展”，推动我国核能和平利用事业。比照现代企业管制架构要求，中广核集团名义上有三家股东，其中有地方企业，也有中央企业，中央企业略占优；有电力企业，也有核工程企业，电力企业略占优。这一设计的初衷，是考虑各企业在大亚湾核电站建设过程中的付出，同时希望借此调动地方与中央两个积极性，发挥电力与核工程两方面的技术优势，以促进中广核集团事业的发展。

在国家管控力度较大的时候，这一产权结构还是可以发挥作用的。然而，随着企业经营自主权的逐步增大，事实却爆出这一设计中的致命缺憾。中广核集团的股东中，既有公司的客户方，也有公司的供货方和技术服务方，甚至还有潜在的行业竞争对手。在这种股权结构下。中广核集团的发展壮大，极有可能挑战威胁到股东方的核心利益，集团公司重要的战略构想，很难得到股东的认同。

这一矛盾的外在形态，便是董事会很难形成有效的决议案，甚至后来一度连董事会都很难召集。

这种情况属于过渡时期的特殊问题，相信有此困境的，不独中广核集团一家。一个不能正常运转的董事会，实际上退化成了仅仅为了满足法律上的程序要求而存在的底限董事会，公司的运作权力落到经理部手中，甚至某一强势个人手中。如果某股东方或董事长足够强悍，能力超群，董事代表被变身为“沉默的大多数”，董事会在形式上是可以运作下去的，但它实际上退化成了另一种病态董事会——被人讥为橡皮图章机构或表决机器的形式董事会。

在这两种情况下，公司管理架构就会由我们耳熟能详的“董事会领导下的总经理部负责制”演变成极具中国特色的“董事长指挥下的总经理部执行制”，或者更难入耳的“一把手负责制”。这样的企业未必不能成功，但它高度依赖于实际掌权者个人的战略眼光、胆识、心胸与人格魅力，公司近乎退化为传统的家族式企业，或内部人控制企业，因而并不合规，其前景也不容乐观。

中广核集团没有走上这两条斜路，中广核集团走现代企业发展之路的决心绝不动摇。在董事会不能正常运作的情况下，集团采用了应急的替代方案，由集团公司党组临时代行董事会职能，就集团发展的重大事项一一把关，做出决断，使公司依然维系着金三角权力分配与制衡的稳固关系。同时充分利用中央的权威，作为对集团发展战略方向的把控力量。

值得庆幸的是，中央终于注意到了集团股权结构与治理架构上的弊端，及时实现了股权调整，使公司的运作终于步上正轨。

中广核集团的这一经历，说明产权明晰是现代企业制度十六字特征中基本的基本。而且，产权不但要明晰，股东构成还要合理，以尽量减少公司内部的利益冲突与内耗。只有这样，科学管理才有根基，才有依据。

必须说明，中广核集团即使在集团公司董事会运作不正常的时候，集团公司总经理部、各部门以及各成员公司，依然按既定的规章，严格执行着企业管理的科学规范。各下属公司的董事会运作一直是正常的。这正是大亚湾核电站良好基因在发挥作用。在本书中，孙旭忠实地记录了集团所属二级及以下公司的董事会运作实践，可以证明这一点。

四十年来，中广核集团一直走在企业管理创新的前沿。当人们还在关心“不患贫而患不均”时，中广核已经在关心“不患不均而患不发展”；当人们开始关注扩张性发展时，中广核开始关注效率和效益；当一些人还以“效率效益做强做大”为旗帜，挤压终端消费者、服务方和内部员工以图快速资本积累的时候，中广核已经意识到企业应承担的社会职责，并开始关注员工的长远发展，开始研究落实照顾人的需要。中广核集团在改革开放的路上始终先走出一步。中广核走在前沿的一些举措，常常为有关方面所不理解。然而在实际行使权力的董事会领导下，中广核本着“虽万千人吾往矣”的智勇，坚持不懈，趟出了获得后来者认同的新路。

在很多人的眼中，中广核集团是央企中的“另类”，是一匹特立独行的独角兽。不少人总想把中广核集团磨得圆一些，让它不要那么另类，好在收效不大。正是这匹独角兽，几十年来，为央企的管理进步，不断提供着鲜活的样本，以及可供复制的管理理念和技术手段。

我相信，未来，“独角兽”依然会继续奋勇前行。

以上我们回顾了四十年来的围绕建立现代企业制度所经历的某些历史事实。了解这些背景，应当有助于阅读理解孙旭著作中所记述与分析的案例。

（三）

董事会是由若干董事组成的，董事由公司股东会选举产生，或者由股东方委派，经股东协商后出任。

董事具有双重身份，一方面作为股东利益的代表，必须在董事会内维护本股东的核心利益；另一方面，作为公司的成员之一，他有权利用其所具有的实际影响力和权威，对公司的重要事务实行有效管理，维护公司的根本利益，哪怕一时与个别股东利益相冲突也要据理力争。作为央企的董事，他还肩负有维护国家利益、要求公司服从国家大局的政治职能。

在公司治理架构中，董事会是决策机构，负责定期审查修订或批准公司的经营业务计划、财务方案、资本及金融运作方案、预算与决算报告、组织机构设置或变更、人员任免奖惩、公司及成员公司变更以及内部管理制度等业务。董事会的意志，均以决议案的形式，交付执行部门即总经理部或监事会具体操办。

所以，董事会不是一个具体操办业务事项的机构。作为董事会的一员，董事自然也不是办事员。董事的职责，由董事会的性质决定，肯定是个“动口不动手”角色。正因为如此，一些人便以为，董事只是股东的代言人，只需贯彻股东的意志便可，无需具备太强的能力。这是个绝大的误解。虽经常被人调侃“董事就是不懂事”，其实董事在公司治理中的决策地位和影响力是十分重要的，董事是公司管制结构中不可或缺的重要角色。

正因为董事要参与公司的经营决策，公司法对董事的任职资格是有要求的。董事必须是并非从事特种职业且有行为能力的自然人。

根据我国《公司法》第一百四十七条的规定，有以下情形的，不得担任股份有限公司的董事：

（1）无民事行为能力或限制民事行为能力者；

（2）因贪污、贿赂、侵占财产、挪用财产罪和破坏社会主义市场经济秩序，被判处刑罚，执行期满未逾 5 年，或者因犯罪被剥夺政治权利，执行期满未逾 5 年；

（3）担任破产清算的公司、企业的董事或厂长、经理，并对该公司、企业的破产负有个人责任的，自该公司、企业破产清算完结之日起未逾 3 年；

（4）担任因违法被吊销营业执照、责令关闭的公司、企业的法定代表人，并负有个人责任的，自该公司、企业被吊销执照之日起未逾 3 年；

（5）个人所负数额较大的债务到期未清偿。

以上《公司法》的规定，应该说，是董事任职条件的负面清单。而对于能否确保董事称职，还应当对董事提出必要的素质要求，这方面政府尚无具体文件规定，而由各企业实体自行把控。

我以为，董事起码要懂点事，懂什么事？我们不妨这样说：

正因为董事个人要在董事会决策项目中表达意见，董事应当熟悉有关的业务知识。

董事应当熟悉本行业的业务特点和市场竞争态势，熟悉本专业的技术内涵并知悉其未来的发展走势；

董事应当熟悉国家的财税制度和国家投融资管理体系；

董事应当熟悉财务管控工具，至少能看懂“三张表”；

董事应当熟悉公司业务流程，了解公司治理的一般规律；

董事应当熟悉人力资源管理业务，熟悉人才引进与激励机制；

董事应当熟悉风险管控技术；

董事应当能熟练运用沟通技巧，具有良好的表达能力和团队建设能力。

……

当然，人无完人，全能型人才毕竟难得，我们不可能要求每个董事面面俱到全知全会。一般来说，选择成员组建董事会时，会充分考虑各人专业背景的互补性，以实现董事会效益的最大化。所以，担当董事的人选，肯定在某一领域具有一定专长。然而这一专门人才的知识面不能太窄，在某方面是专家，而在其他方面一无所知，恐怕是不行的。

因此，一般来说，拟任董事的人选，应当在一定的较高层次管理岗位上有足够时间的历练，以积累他们多方面的知识与智慧。

一般情况下，董事往往由母公司职能部门的经营层兼任，这有利于发挥他们的专业特长以及对企业当前现状十分了解的优势。然而由于本职工作业务的繁忙，兼职的董事对董事会议案的专研程度可能受到限制。

专职董事一职的设立，可以说也是中广核集团在公司治理方面的创新之一。这是由母公司向所投资公司委派或推选的，专职从事董事工作，不在母公司系统或所任职公司担任其他行政职务的董事。与独立董事不同，专职董事与母公司有利益关系；与执行董事也不同，专职董事不在公司及其母公司担任任何具体的行政职务。专职董事体现母公司的意志，他是央企有效管控下属企业及参股公司的有力手段。

设置专职董事的优点是：他们有足够时间对企业董事会议案做深入研究因而能提出比较中肯的意见；他们熟悉母公司的战略意图及企业愿景，可以站在更高的角度把控所在公司的价值贡献点；他们熟悉母公司的企业治理理念与文化，有助于加强公司与母公司的管理纽带。

在具体操作中，专职董事常常是因年龄、能力、关系或其他因素从管理岗位上周转出来的高级员工。

董事是企业管理干部队伍中参与决策过程的重要谋士，董事是公司内部重要的专业技术岗位。他们的工作与贡献，应当得到肯定与褒奖。

董事一职，不是生来便会的，需要一个培训养成的过程。中广核集团较早注意到了这一问题，策划了专职董事任职前的专项培训。但这一培训，只是短训班形式，只为拟任职人员提供一些最低限度的应知应会。要能当好一名称职的董事，对拟转任专职董事的人来说，个人的努力，爱岗敬业，善于学习，勤于思考，才是关键保证。

以上我们说的，都是对专职董事技术层面的基本诉求。要成为一名“好董事”，既称职又能在方方面面都受欢迎，还应当具备一些必要的人文素质要求。

董事应当有定力。董事应当能抵御各种外来干扰，坚守公司的基本战略和发展路线，不为眼前小利所迷，不为暂时的困难所扰，不为花哨的“理论”所惑，也不为“官大一级”的强势所动。董事应当性格沉稳，一帆风顺时不轻狂，举步维艰时不退缩。

董事应当超脱。董事的职责是决策，落实决策的责任在经理部。随着情况的多变，应当允许经理部在执行过程中作必要的权宜处置。董事不应对经理部的具体执行手法说三道四，指手画脚，除非他们违背了国家法律法规和公司决策的初衷。

董事应当务实。所有的决策都是为了执行，作为董事，在决策过程中应当多替执行层着想，考虑决策的可执行性。董事会提出的目标，应当具有可实现性，不能强经理部所难。为此，董事最好具有实操的经验，这样他们的建议与决定才能落地。

董事应当平和。董事会议上难免有利益纷争或观点冲突，董事会与经理部之间难免会有讨价还价的情况，董事应当能克制自己，保持平和的心态而不动怒发飙。董事在发表意见的时候应当尊重意见不同的对方，尊重各利益相关方的诉求。心态平和的董事，总能以平等讨论的方式，找到各方的共同点达成推进事业的目的，而不是以“坚持原则”的道德姿态把事情搞砸，弄得两败俱伤。一个好的董事，应当有“功成不必在我”的心胸，淡泊名利，甘于当一个幕后推手，做一个孔子赞扬过的“人不知而不愠”的君子，而不是争着占领舞台的中央。

这些期望，也许太高了。但要当个好董事，还是应当向这方面去努力才是。有一批好的董事，是董事会之福，也是公司之福。

（四）

孙旭这位干部，就是我们理想中的好董事。

我与孙旭，是几乎同时从行政管理岗位上周转出来的，之前从来没有当过专职董事，没有受过财经方面的科班训练，虽说没“吃过猪肉见过猪跑”，但毕竟是业余出身的“山寨版”董事。一些十分专业的提案，对于我们就是天大的挑战。孙旭的特点，正是善于学习，勤于思考，他通过坚持不懈的自学，掌握了企业治理理论与实务的方方面面，对于现实中提出的议题，总能做深度思考，找到解决之道。他谦和的人品，使得他与所有的同事相处，都能相安无事，有些并能结成至交。

在中广核集团的历史上，孙旭曾有过独特的贡献，但他从未为自己表功争功。

孙旭，可以说是专职董事的样板与表率。

如今，孙旭在繁重的工作之余，勤勉地记录整理了他在任职董事期间的所学所思所历所感，经过反复思考，在新的理论高度上把它们展示了出来，成就了一本好书。

世上有关企业管理与职场技巧的书汗牛充栋，而独缺有关如何做一名好董事的专著。孙旭的此书，正好满足了我们的需要。

本书文笔流畅，内容翔实，其中最有价值的，我认为有以下几方面：

（1）本书阐述了董事会内部的正常运作规律，以及一名称职董事的工作规范与若干技巧。

（2）本书收集整理了一般董事会的常见议题，并说明了这些议题的决策技术。

（3）本书涉及大企业及企业集团发展中的若干战略问题，作者的深度思考以及他所归纳的决策要点，有很强的借鉴意义。

（4）本书所记录的中广核集团 30 年来的经历与积累的公司运作经验，可供有心人士参考。

（5）本书第三部分的经典案例十分精彩。在我看来，孙旭在其中所起的作用，已经远远超出了一名专职董事的职责范畴。发展是硬道理，一个有抱负的职场人士，绝不会为所谓的职责范畴所束缚。我一直主张，为了事业，每个人都应该跨出自己的业务边界一步，抢占死角，弥合权力职责分配中的空白或灰色地带，实现无缝对接。每个人都向前多跨出一步，适当越界操作，是牺牲个人名节实现企业利益最大化的壮举。这一点，我们也要向孙兄学习。

读完本书，击节赞赏之余，也略有些意犹未尽之感。限于篇幅，或者也许因孙旭全书的结构设计考虑，有关董事会及专职董事运作的若干非技术要素，尚未能尽情展现。

事实上，既然是以产权为纽带多股东合作共事，必然绕不开处理股东关系调谐人际关系的课题，这方面孙旭经验丰富，理应可以一展风姿。以下这些问题，应当是有很多话要说的吧：

（1）作为一个大股东，如何与小股东相处，如何尊重小股东的利益与人格？如何调动小股东的积极性？如何抓住“弱信号”？

（2）作为大集团外派的董事，如何在一个只占少数股份的公司里当好一名小股东代表？

（3）如何与董事长相处？

（4）如何与行政团队特别是总经理相处？

（5）虽说董事应当“动口不动手”，但必要时应当有所作为，如何获得董事会认可，设计安排对公司治理结构及运作系统中关键问题的专项调研？调研过程中，如何搞好与行政团队的协调，获得对方的全力配合？

我热忱地希望，孙旭在本书之后能再接再厉，挖掘更深层次的实践与理论成果，为我们提供更丰富的精神食粮。

职场同仁们：请你们对专职董事多一分理解，多一分支持，多一分关爱，也请你们随时准备加入他们的队伍！

各位董事：我们处在一个新时代，我们承担着一个新角色，我们一定要有新作为。我们以专职董事作为自己的事业，我们以任此岗位为自豪，我们要用我们自己的作为，书写我们所在公司的新篇章！

诸君：我们的事业需要各式各样的人才，不拘一格，人才自会辈出。人才辈出之际，便是伟大事业兴旺之时。

且行且珍惜！

濮继龙

2018年7月28日

（注：濮继龙，中广核集团有限公司原党组成员、副总经理，专职董事）

目　录

第一篇　董事会建设和运作……001

第 1 章　董事会规范建设……003

第一节　董事的素质……003

第二节　董事会组建……006

第三节　董事会工作规则……009

第四节　董事会专业委员会的运作……011

第 2 章　董事会高效运作……013

第一节　会前的准备……014

第二节　会议中的问题……015

第三节　会后的落实……017

第 3 章　董事会权责分配……019

第一节　董事会的治理授权……020

第二节　经营层的管理授权……022

第 4 章　董事会价值创造……024

第一节　董事会的战略引领……024

第二节　董事会的有效监督……028

第 5 章　董事会报告机制……034

第一节　公司向董事会的报告……034

第二节　董事会向股东的报告……035

第三节　董事调研和报告……036

第四节　董事会秘书的报告 ……037
第 6 章　董事会考核评价 ……038
第一节　考核和评价现状 ……039
第二节　董事会评价 ……040
第三节　董事考核 ……044

第二篇　常见董事会议案 ……051

第 7 章　战略投资议案 ……053
第 8 章　融资担保议案 ……061
第 9 章　业绩考核议案 ……069
第 10 章　组织机构议案 ……072

第三篇　我亲历的中广核故事 ……075

第 11 章　转型升级谋发展 ……077
第 12 章　国际化经营 ……090
第 13 章　创新发展迎转机 ……110
第 14 章　混合所有制的探索 ……125
第 15 章　专职董事履职实践 ……141
第 16 章　创世界一流企业董事会 ……150

后记 ……172

附录 1　上市公司独立董事履职指引 ……174
附录 2　上市公司规范运作指引（节选） ……193

参考文献 ……203

第一篇

董事会建设和运作

第一篇作者通过介绍企业董事会建设和运作、明确董事会权责分配、董事会发挥战略引领、有效监督等方面的作用、建立董事会报告机制、做好董事会评价和考核等基础性工作，让董事会科学构建、理性决策和高效运作成为所有优秀企业的一种习惯。

董事会建设和运作是所有企业治理与管控的基础，国内外公司治理理论和实践为董事会建设和运作提供了很多参考。不同的国家不同的企业因治理文化、股权结构、所处行业、发展阶段等诸多因素存在差异，董事会建设和运作的状况也千差万别，没有一套适用所有企业的董事会建设和运作的标准或模板。

企业发展的环境离不开国家治理的状况，随着国家治理的不断进步，公司治理也日趋完善。2004 年 6 月国务院国有资产监督管理委员会（下简称“国资委”）颁布《关于中央企业建立和完善国有独资公司董事会试点工作的通知》，对中央企业开展董事会试点，截至 2015 年年底，已有 85 家中央企业开展了董事会试点工作，国资委对央企董事会建设和运作规范提出了相关要求。2015 年 8 月中共中央、国务院对深化国有企业改革进一步提出了指导意见，总的要求是国有企业要适应市场化、现代化、国际化新形势，以解放和发展社会生产力为标准，以提高国有资本效率、增强国有企业活力为中心，完善产权清晰、权责明确、政企分开、管理科学的现代企业制度，完善国有资产监管体制，防止国有资产流失，全面推进依法治企，加强和改进党对国有企业的领导，做强做优做大国有企业，不断增强国有经济活力、控制力、影响力、抗风险能力，主动适应和引领经济发展新常态。力争到 2020 年培育一大批具有创新能力和国际竞争力的国有骨干企业，明显增强国有企业的经济活力、控制力、影响力、抗风险能力。

中广核集团的治理正是沿着这个方向不断前行。2017 年 7 月，中广核集团在 2013 年 12 月产权关系理顺后，完善了治理顶层设计，2017 年 7 月，按照国资委董事会试点工作的要求，积极开展集团公司及其成员企业董事会规范建设和高效运作，中广核集团的治理管控有效地促进了企业高质量的发展，中广核集团治理之道得到外界广泛认同。

由于对企业董事会规范建设和高效运作的认识现阶段还存在一定程度偏差，董事会组成、董事履职水平及评价考核手段等还存在一些不足，董事会规范建设和高效运作仍任重道远。追求董事会规范建设和高效运作是所有企业的共同追求，企业根据自身所处环境、业务特点和发展阶段开展董事会规范建设和高效运作，作为中央企业一定要坚持中国特色现代国有企业制度不动摇，一定要兼顾企业所有股东、用户、员工及利益相关方的关切，并承担起企业应有的社会责任不动摇！

董事会不是万能的，没有董事会是万万不能的！

第 1 章

董事会规范建设

第一节 董事的素质

我国的《公司法》对不得担任董事人员的任职资格采取了禁止性规定，那么究竟什么样的人适合做董事？优秀的董事应该具备哪些基本的素质？

美国全国董事协会（National Association of Corporate Directors）通过对美国和欧洲发达国家的大型跨国该公司的董事会构成和业绩进行调查和研究，归纳出公司的优秀董事应具备以下十种素质：

一、正直：为人正直，办事正派，是首要因素。在个人交往和公司业务往来中，表现出较高的职业道德水准，如按时出席有关会议，认真履行职责，推动董事会有关决议落地，对董事会每位成员高度负责是董事日常工作的基本准则。

二、准确的判断力：具有高智商且思维敏捷的董事，能够在董事会上对内容广泛的议题提出自己新颖的思想、建设性的意见和建议，通过行动证明自己对公司的价值。

三、财务知识：董事会的重要职责之一就是财务监督。因此，每位董事应具有一定的财务会计知识，应能看懂公司资产负债表，损益表和现金流量表，懂得反映公司经营状况的各种财务报表和其他指标。

四、成熟、自信和沟通能力：成熟自信的董事应把董事会团队的业绩看得比个人的荣誉和地位更为重要。作为公司高级决策层人员，必须尊重他人，团结多数，乐于倾听不同意见，具有较强沟通能力。善于与公司内外各界人士打交道。这些素质对于有威望和人格魅力的董事是不可缺少的。

五、比较出色的业绩：董事会应尽可能地选择那些已经被实践证明取得较高业绩的候选人加盟公司董事会。

六、善于处理危机：董事会及其所服务的公司不可避免的会面临短期或长期危机。较强的处理危机能力可以最大限度地降低负面效应，减少危机对企业经营活动的冲击。由具有较强处理危机能力、忠实履行其职责和义务的管理专家，有较强谈判能力的斡旋高手或专业人士任董事，可以增强董事会处理危机的能力。

七、至少精通一种专业知识：公司不断面临着本行业及其相关行业新的挑战，每一家公司的董事会内至少应该有一名具有本行业和相关行业知识的专业技术专家。

八、国际化市场知识：在经济全球化的今天，企业全球业务布局和跨境经营，需要董事们了解国际市场运行基本规则及全球经济发展趋势，特别是那些计划或已经从事国际经营活动的公司，应该选择那些有丰富国际化经验的人士作为董事会的候选人。

九、战略及远见：为确保公司经营业绩的连续性，董事会一项重要的任务是审批公司发展战略和经营计划。董事会应该选择那些具有创新意识、善于分析和把握发展趋势的人士加盟。

十、学习能力：随着全球经济一体化和以信息化、互联网为特征的新经济时代的到来，技术发展日新月异，知识更新周期越来越快，它对企业的经营管理和商业模式产生深远的影响。为适应这一变化，企业应主动向学习型组织转型。作为企业董事会的成员，要做学习培训的倡导者和实践者，只有不断学习，不断提高自己，才能深入了解和把握当今世界本行业的专业技术，生产工艺和管理方法的前沿情况和最新发展趋势，只有这样才能对其所服务的企业的重大决策有一定的发言权。

在我国的国有企业中，董事作为国有股东派出的代表，代表国有股东参与公司经营，对董事就提出了更高的素质要求。这种要求用四个字来概括：就是“德才兼备”。董事的“德”的要求就是愿意“为股东效力、为国效命”，愿意从事国有资产的保值增值事业，没有违法乱纪的行为。当然，道德是无法量化的，如公正、耿直、廉洁等这些传统美德永不过时。董事德行的好与坏可通过对其履职行为进行客观公正的考察。国有股东选聘董事应当摒弃传统的“组织委派干部”模式，这些董事不应当被当做“行政干部”来使用，而应视为“股东代表”，他们的职责是为了股东的利益，经营管理好国有资产，促进国有资产保证增值。

国有企业的董事的“才”要求相对较高。这个“才”主要指经营管理的才能、战略决策的才能、资本运作的才能、知人善任的才能。所有这些才能中，具备较强的投资判断能力是董事最应具备的核心本领。这就要求董事投资方面的知识和阅历具有丰富的储备和经验。

从我国以往许多公司的具体实践来看，无论是国有公司还是民营公司的董事，其中相当部分在专业素养上还有待提高。由于不合理的股权结构，导致董事基本上没有实质发言权，董事人选也较为随意，既不懂经营管理，也不懂投资等专业知识，董事“不懂事”依旧可以“混场”。绝大多数董事对如何经营好企业既缺乏专业知识又不具备管理经验，无法承接股东的重托，履行好董事应有的职责。董事的水平不提高，提高企业的管理水平就无从谈起。特别是部分国有企业定位为资本投资公司或资本运营公司来经营国有资产，这种状况必须彻底改变。国有企业的董事需要有丰富的经营管理和资本运作经验，有战略性眼光，具备扎实的经济理论基础，又有丰富的实践工作经验。从现代企业制度发展的经验看，只有社会化、专业化、知识化的董事会才能发挥作用。董事会中专家型董事所占的比例越高，越有利于公司决策科学化，减少公司重大决策失误的机会。

国有企业是国有资产保值增值的市场化平台，是国有资本进行战略性投资的资本运作平台，同时还对宏观经济调控有辅助功效。由此决定了其董事会的特殊地位和重要作用。国有企业的董事也就需要具备更高的综合素质，不仅要有创新意识、敢于坚持原则，勇于坚守底线，更要有为股东效力、为国效命的担当和家国情怀。

随着各类所有制经济蓬勃发展，董事会对高素质董事的需求越来越迫切，相信不远的未来，董事必将成为一个专门的职业，一批高素质的“为股东效力、为国效命”的优秀董事人才必将层出不穷。

第二节　董事会组建

新公司设立前，股东在考虑董事会组建的时候，往往考虑的是建设什么样的董事会？怎样建设董事会？董事会能否达到股东期望的价值？什么样的人派进董事会更合适？等问题。

按照《公司法》、公司章程或投资协议等要求，董事通常的来源有股东委派来自内部的董事包括董事长、职务董事、专职董事等，也有来自企业之外的董事包括独立董事及外部董事。按照国资委对中央企业董事会试点的要求，外部董事应超过董事会成员的半数。这些都是企业组建董事会时，股东必须考虑的因素。

董事会组建首先要依法依规，在境内组建企业董事会要依据《中华人民共和国公司法》（以下简称“公司法”），依据公司章程和出资协议等文件，股东各方在充分沟通协商的基础上，按照股权结构来设计董事会的组成（见图 1）。在境外设立董事会，除了遵守国内的法律法规，还要充分考虑境外的法律法规和治理文化。董事会组建时，各方股东要充分协商，要充分考虑所有股东的目标、诉求，考虑公司所处行业和发展阶段等特点来组建。

董事会组建并非将具备董事素质或符合任职资格条件的人士凑在一起那么简单，而是要认真研究董事的配备和专业互补问题，让“懂事”的人成为董事会成员。要考虑企业所处行业的特点，“懂事”的人显然有助于董事会在产业布局把控和行业发展方向上把脉，尤其是涉及专业性较强的行业，一般以聘请行业内资深的外部董事进入董事会为优选，专家型外部董事视野会比较宽广，可将外部行业形势与企业微观环境很好的衔接，有利于董事会对相关议案做出科学准确的研判。“懂事”的人当然不仅指懂

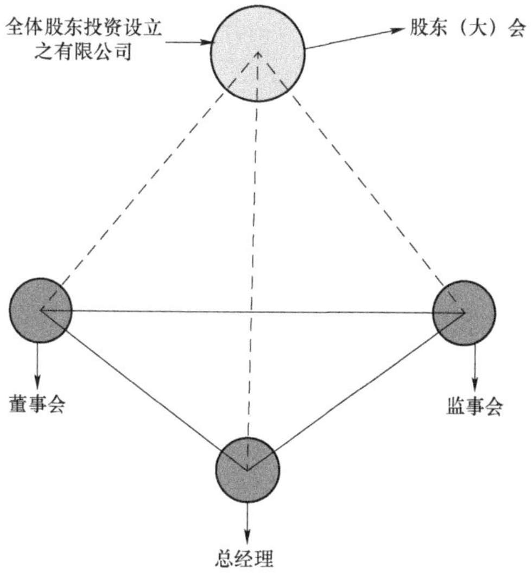

图1　有效制衡的基本治理架构

专业，还应该懂管理、有经验。

董事会组建应充分考虑董事的专业互补和搭配，包括有财务背景的董事进入，帮助董事会对企业的财务状况，投融资风险有更充分的认识，做出正确的分析研判，由股东派出有财务背景的职务董事，对企业财务情况会相对熟悉。此外，应考虑熟悉战略、内控和人力资源方面的人士进入董事会，将董事会可能涉及企业重大经营决策的主要领域尽可能涵盖。

总经理一般作为执行董事进入董事会，作为董事会成员，他应站在董事会角度履行董事应有的职责。作为执行董事的总经理对企业的情况相对比较熟悉，有责任和义务帮助董事会其他成员全面准确客观了解公司情况，而不能纵容经营层“报喜不报忧”。

董事会中设立专职董事是中广核集团的创新，早在 2002 年中广核集团就返聘一些退下来有丰富管理经验的老领导、老专家到专职董事岗位，充分发挥他们的经验和专长，他们对中广核集团的全面情况非常熟悉，对成员公司董事会建设和运作贡献了智慧、创造了价值，发挥了重要的作用。濮继龙先生、刘锦华先生、樊鹤鸣先生等前辈都担任过中广核集团重要成员企业的专职董事，他们是中广核集团的第一代创业者，为中广核集团的发展做出了杰出的贡献，开创了中广核集团专职董事制度先河，为专职董事履职树立了典范，做出了表率。

2008 年中广核集团将专职董事制度化，通过在中广核集团内部公开选聘等方式聘请专职董事。邢平先生是首位以公开选聘方式到任的专职董事，他见证了中广核集团新能源的发展，为中广核集团新能源事业发展做出了积极的贡献，现为中广核新能源控股公司董事。文志涛先生是资深的财务专家，他作为专职董事在其任职企业对财务和投融资风险把关方面发挥了积极的作用。之后陆陆续续通过公开选聘方式调来了一些干部，推荐到成员企业董事会担任专职董事。2010 年 9 月我报名参加了集团专职董事公开选聘，全集团共有 40 余人参加了选聘，2011 年 1 月王宏新先生与我都成为了一名中广核专职董事。

目前，中广核集团成员企业董事会一般由董事长、执行董事（总经理兼）、职务董事、专职董事、外部董事构成。董事会成员发挥各自专长，协同互补，董事会的决策更加审慎、更加全面、更有效率。中广核集团专职董事制度是一种创新，专职董事制度的有益尝试得到了国资委的充分肯定。实践证明专职董事在成员企业董事会中发挥了积极的作用，对中广核董事会建设贡献了智慧，创造了价值。

董事会组建尽管充分考虑了董事专业搭配问题，但董事会成员不可能是所有问题的“通才”，董事会应善于借助“外脑”，必要时要通过聘请中介机构提供咨询和支持服务。

董事长是董事会的召集人，是董事会规范建设和高效运作的主要责任人，享有董事的各项权利，承担董事的各项义务和责任。

董事会设董事会秘书，秘书由董事长提名，董事会决定聘任或解聘，董事会秘书应为专职，上市公司董事会秘书是公司经营高管。很多非上市企业董事会秘书并非公司经营层高管，而是由相关部门人员兼职担任，除了开董事会，平时基本无暇考虑董事会建设和运作的问题。董事会秘书的主要职责是协助董事长进行董事会规范建设和高效运作，董事会秘书工作的重要性要引起足够重视，董事会秘书在公司中的法律地位应得到尊重。

董事会组建应适当控制规模，目的是为了董事会运作更加有效，也有利于控制董事会运作成本。通常对规模小一点的企业董事会 5～9 人为宜，规模大一点可设 9～13 人。

董事会组建是在全体股东充分沟通酝酿基础上产生的，因此董事会应该体现全体股东的意愿，而非单个股东或大股东的意志，重大事项应通过充分沟通和协商来寻求解决办法，而不是以简单多数通过表决机制来行使大股东的权利，章程上即使这样设计，股东间彼此尊重才是根本。很多企业董事会运作中出现分歧，实际上是股东间存在矛盾，又缺乏及时有效的沟通。董事会的组成、规模及表决机制等在公司章程、投资并购协议中应有体现。境外设立的公司，在董事会组建时考虑的因素要更为复杂些，要充分研究东道国对外国投资者的限制政策和法律法规要求，尊重当地的公司治理文化。

为了确保公司正常有序、有规则地进行经营，对董事会决策和经营层执行有效监督，防止滥用职权，危及公司、股东及利益相关方，各国都规定在公司中设立监事会或监事。监事会是股东大会领导下的公司的常设监察机构，执行监督职能。

监事会与董事会并立，独立地行使对董事会、总经理、高级职员及整个公司管理的监督权。为保证监事会和监事的独立性，监事不得兼任董事和经理。监事会对股东大会负责，对公司的经营管理进行全面的监督，包括调查和审查公司的业务状况，检查各种财务情况，并向股东大会或董事会提供报告，对公司各级干部的行为实行监督，对公司的计划、决策及其实施进行监督等。

第三节　董事会工作规则

为健全和规范董事会的决策行为，明确董事会的权责，以确保董事会的工作效率和科学决策，根据《公司法》《公司章程》及国家有关法律法规的规定，结合企业实际情况，需要制定公司董事会工作规则。规则包括公司设立董事会，作为公司的经营管理决策机构，维护公司和全体股东的利益，董事会对股东负责，在《公司法》《公司章程》和股东会赋予的权限范围内行使决策权。

董事会应认真履行有关法律法规和公司章程规定的职责，确保公司遵守法律法规的规定，公平地对待所有的股东，并关注其他利益相关者的利益。董事会行使职权主要形式是董事会会议，凡涉及公司重大利益的事项应及时召开董事会予以审议，由董事会集体决策，授权董事长或总经理在董事会闭会期间行使部分职权，其授权内容、权限应当符合公司章程和董事会工作规则的规定。

董事会的构成及董事的任职资格按公司章程的有关规定执行。董事会的人员和组成，应保证董事会能够进行富有成效的讨论，作出科学迅速和审慎的决策。董事会应具备合理的专业结构，董事应具备履行职务所必需的知识、技能和素质。董事会工作规则经全体董事半数以上通过并提交股东会审议通过后生效，即成为规范董事会工作的有约束力的文件。

董事会工作规则是对公司章程中董事会权责分配和运作规则的进一步细化，是董事会规范运作的重要依据，主要包括董事会议事规则、董事会各组织机构的职责权限、工作流程及时限要求等。

根据公司章程和董事会工作规则，制定各专门委员会的议事规则，进一步规范和明确专门委员会议事程序、职责权限、支持机构的职责和工作流程，促进各专业委员会工作的顺利开展。

各专门委员会议事规则，应在董事长或各专门委员会召集人主持下制定，可由董事会秘书具体负责起草工作，制度草案形成后，应先提交专门委员会审议通过，再提交董事会审议决定。专门委员会召集人和委员，应结合实际工作提出专门委员会议事规则修改意见或建议，以不断完善专门委员会工作机制。

另外，考虑到董事会、党委会、总经理的兼职或交叉任职因素，为确保董事会、党委会、总经理办公会等组织行为运作顺畅，可参照董事会议事规则制定相应的党委会、总经理办公会议事规则。

第四节　董事会专业委员会的运作

董事会设立专业委员会是董事会独立性的重要保障，有助于外部董事、专职董事充分发挥作用，有助于发挥董事专长，使重大决策事项在董事会决策之前，能够得到专业的、充分的讨论和研究，从而提高董事会决策质量。

为确保董事会专业委员会的有效运作，须制定董事会专业委员会运作的议事规则，包括对专业委员会的组成、职责以及会议的召集、通知、议案、纪要等内容作出规范。

专业委员会的组成

设立董事会专业委员会（见图2），将具有不同专长的董事配置到专业委员会，有助于提高董事会运作质量和效率。专业委员会是外部董事、专职董事发挥作用的重要平台，有助于保持董事会的独立性。专业委员会对董事会负责，在公司章程和董事会授权范围内履行职责。如国资委规定，国有独资公司的董事会应当设立提名委员会、薪酬与考核委员会、审

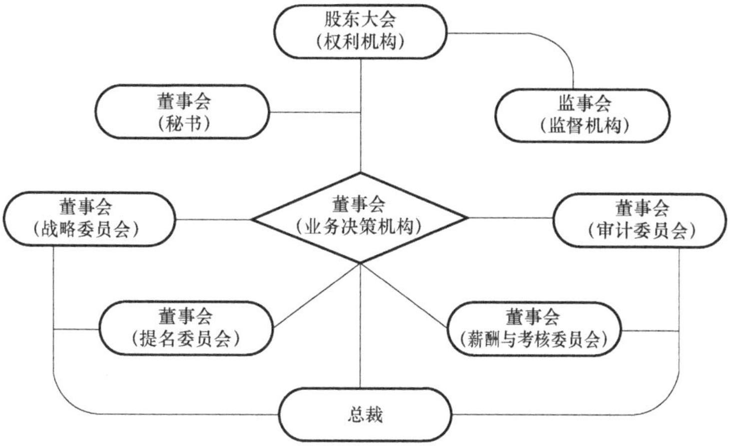

图2　董事会下设的各专业委员会

计委员会等，企业根据实际需要也可设立战略管理委员会、审计与风险管理委员会等其他专业委员会。

董事会专业委员会是董事会下设的专业工作机构，为董事会重大决策提供咨询、建议。专业委员由公司董事组成，其成员和召集人由董事长商有关董事后提出人选建议，经董事会通过后生效。其中，提名委员会中外部董事应当占多数，薪酬与考核委员会、审计委员会委员应当全部由外部董事或专职董事组成。

董事会秘书及董事会办公室

董事会秘书为董事会提供支持和服务，董事会应设董事会秘书 1 人，由董事长提名，董事会决定聘任或解聘。董事会秘书是公司经营层人员，对董事会及公司负责，一般应为专职，董事会秘书的主要职责是：协助董事长进行董事会规范建设和运作、草拟重大方案和重要制度；筹备并列席董事会及其专业委员会会议；制作董事会及其专业委员会记录，起草有关会议决议、纪要；编制董事会年度工作计划、经费方案；组织协调公司有关部门为董事会及其专业委员会提供工作支持；董事会授权行使和法律、法规及公司章程规定的其他职权。公司应设立董事会办公室作为董事会的工作机构，由董事会秘书分管，为董事会和专业委员会提供日常服务。

董事会专业委员会支持机构

董事会专业委员会的支持机构一般由与专业委员会职责关联度较大的公司职能部门承担，如战略规划部门可作为战略委员会的办公室，审计部门则作为审计与风险管理委员会的办公室，该部门负责人可兼任专业委员会的联系人，协助专业委员会处理相关工作。在履职方式上，该部门及联系人根据实际工作内容分别对专业委员会和经营层人员负责。董事会秘书应当协助专业委员会组织、协调支持部门或联系人做好相关工作。

第2章 董事会高效运作

股东会、董事会与经营层之间构建的委托、决策、执行治理架构权责明确，董事会作为三者之间的桥梁至关重要，董事会只有发挥核心作用，才能保证治理体系运作顺畅，真正发挥协同效应。

董事会接受股东的信任和委托，履行好经营决策及监管职责，确保董事会规范高效运作须开好每一次董事会会议，并一次把董事会会议开好，因此在董事会每一次会议前、会中、会后三个环节上都要下功夫，认真做到位。

有些企业虽设立了董事会，董事会会议召开却很随意，董事会秘书会前收集议题不充分，对议案材料也没有进行预审，造成上会的议案材料不完整，甚至不准确。董事在会前没有足够时间认真研阅材料，开会时靠临场发挥。董事长对会议材料也没有审核把关，对会议归纳总结不到位，每个环节都有疏漏，最终议案审议的质量可想而知。

董事会会议结束，也没有会后跟踪落实和反馈的行动。这些企业只是把开好董事会作为目标，忽略了会前和会后的重要环节，董事会规范高效运作就无从谈起。

召开董事会会议，仅仅是董事会运作的重要环节之一，会前的认真准备组织，会上董事的积极发言，充分讨论，以及会后的跟踪落实反馈都是不可或缺的重要步骤。只有将董事会会前、会中、会后三大环节的细致工作真正做到位，董事会规范高效运作才可能真正实现。

第一节　会前的准备

董事会的计划性问题

董事会秘书在征求董事长、各位董事意见的基础上，根据公司的战略规划和年度经营计划，制定年度董事会会议计划，确定年度定期董事会会议的时间、地点、次数和重大议题。年度计划还应该包括必要的战略务虚会议及董事的调研和培训。

临时紧急需要董事会决策的重大事项，可召开临时董事会会议；非紧急或一般性议案，可通过传签的方式进行表决。减少董事会会议的随意性，杜绝重大决策事项通过传签方式表决，特别是国有企业涉及“三重一大”事项应列入董事会定期会议计划之中，加强董事会会议的计划性管理。

董事会议案的规范性和及时性问题

董事会秘书应在董事会会议召开前征集议题，议题结合公司实际经营管理需要，结合公司治理授权按照审议、审批和审阅进行分类；议案应务必详尽，如投资项目审批至少应包括项目背景、初步可行性研究报告和可行性报告，反映投资项目的主要经济技术参数及投资回报指标、投资风险分析及对策、退出机制安排等。有些议案有先决条件的，如尽职调查尚未完成，涉及征地、并网许可等需要获得政府核准或相关单位确认尚未取得，都不具备条件报董事会审议或审批。现在国家依法治国，国家治理体系在逐步完善，过去“以干促批”或“把车开到红灯下”的做法已不可行！不要以任何借口给董事会施加压力。

董事会秘书对提交议案材料要进行预审，尤其对与决策相关的重要数据要核实无误，提交的议案须经总经理签字。有很多项目出现亏损甚至诉讼纠纷，从议案源头都能找到原因，不是支持材料不完备，就是当时尽职调查还没收口，为了赶时间仓促上会，董事会成员在信息不对称的情况下，论证不充分，做出草率决策，项目留下隐患一点也不奇怪。

尽管董事会会上提出要求进一步补充完善议案，但会后缺乏跟踪落实，最终于事无补。这里需要强调的是，董事会的决策是建立在经营层提交的信息是真实、及时、准确和可靠基础上做出的，经营层对提供的议案负责，这也是为什么提交董事会的材料务必须经总经理签字。董事会秘书对提交董事会的议案规范性和完备性负责。

此外，按照董事会议事规则，提交的议案必须及时，要给董事留下足够的时间在会前研读和思考议案，董事如有疑问应进行必要的澄清，重大的投资项目，有必要安排董事专程在会前到现场考察，避免董事会会议上因信息不对称，而影响董事的判断，影响董事会的决策质量。董事会秘书必须保证在董事会开会前一定的时间，将议案及时送达各位董事。不能参加董事会会议的董事，应提前向董事长请假并签署书面授权委托书，对相关议案出具书面审查意见。

提交议案的前置审议

所有议案经总经理签署后提交董事会。提交董事会审议并报股东审批的议案，以及提交董事会审批的议案，须在会前经过总经理办公会、党委会、职代会的前置审议，审议的会议纪要，与议案须一并提交董事会。另外，根据治理授权，需要股东进行前置审议的议案，须履行股东前置审议手续；对重大战略投融资或风险类管理议案，董事会战略委员会或审计与风险管理委员会应进行前置审议，为董事会决策提供有力支持。

第二节 会议中的问题

重大议题应由总经理汇报

按照董事会领导下的总经理负责制，总经理作为执行董事参加董事会会议，无论是定期会议或临时会议，原则上应由总经理向董事会汇报，特别是重大议题更应由总经理亲自汇报，如涉及某些专题可由总经理委托专人代其汇报，总经理作必要补充。

议案表决

董事会成员在听取议案汇报后，应充分表达自己的意见或建议，

有些议案相对比较复杂，甚至边界条件暂时还不是十分清楚，董事出于谨慎性原则，提出的审查意见往往是带有先决条件的，即在满足什么条件下，我同意，达不到这个条件，我不同意。所以，决策表决采取票决制，无论你提多少意见，同意还是不同意最终通过举手表决，否则，决议就很难达成，多数情况下决议是有条件通过。

正因为如此，审议议案应不仅仅是审议案本身，还应包括审决议内容，只有大家对决议的内容无异议，才算议案审议完成。否则，议案虽然通过，签字时却发现决议内容还没有完整准确表达董事会达成的共识，想再退回去修改，费时费力。这个环节大多数情况被忽视了。应保证经全体董事确认的决议，对决议内容表达准确无误，以票决方式表决，并在董事会结束后尽可能现场签署，这样可提高董事会的效率，也提高了决议的时效性。

参会和列席会议范围

实践表明会议控制人数，对会议的成效有益。董事会作为公司最高层的经营决策会议更应如此，参加会议人数为董事会成员、董事会秘书，列席会议人数为公司监事及专题汇报人，专题汇报人部分时间列席，严格控制参加会议和列席会议的人数。

第三节　会后的落实

会议记录和纪要

董事会秘书应在会后尽快完成根据会议记录和录音整理形成的董事会会议记录，及时提交董事会成员审阅修改，董事修改意见与会议发言的基本观点应不相违背，在收集董事反馈意见后定稿并交由董事签字确认。

在董事会会议记录的基础上应编制董事会会议纪要，向股东、董事会和经营层通报会议情况，便于跟踪落实。很多企业有董事会记录，但没有董事会纪要，记录和纪要建议都应该要，用途不一样，董事会记录忠实地记载董事的发言、表态，便于股东对董事的履职评价考核和问责，董事会纪要主要向股东报告会议情况，对需要股东关注或支持事项提请关注和支持，董事会纪要的另一个作用就是作为董事会督办关注事项经营层落实的依据。

董事会会议记录和决议作为重要文件存档备查。

董事会关注事项的跟踪和落实

董事会办公室整理的会议纪要是董事会后跟踪事项的重要依据，纪要应列明会议召开的情况，审阅、审议和审批事项结果，尤其要列出董事会关注和跟踪需要经营层落实的事项，以及提请股东关注和支持的事项。纪要应在董事会后立即报送股东、董事会和经营层协同落实，董事会办公室要建立督办机制，定期报告董事会关注事项进展情况，关注问题有无解决完毕，这才是董事会开会的目的，而不是开会本身，或开完会就结束了。

董事会向股东报告机制

股东与董事会之间是信任委托的关系，董事会对内行使经营决策和监管职责。因此，必须建立董事会定期或不定期向股东的报告机制，特别是由多股东构成的董事会，加强与全体股东的沟通，取得全体股东的信任、理解和支持非常重要。只有这样，才能确保股东、董事会、经营层协同运作，出了问题共同解决，而不是推诿指责。

总之，只有做好每次董事会会议的会前、会中和会后的各项工作，开好每一次董事会会议，把每一次董事会会议开好，建立规范高效的董事会才不会是一句空话，董事会在股东和经营层间的核心作用才能真正体现，企业董事会规范高效运作其实并不复杂，关键在认真上下功夫。

第3章 董事会权责分配

股东会是公司的最高权力机构，企业经营管理的一切活动权力来源于股东，按照现代企业制度所有权与经营权分离的有关要求，股东除保留所有者少量必要的权力外，将与经营活动相关的大部分权力通过治理授权授予董事会，董事会除保留与重要经营决策相关事项的权力外，根据企业经营的需要通过管理授权的方式，将股东授予的治理授权部分授予经营层，最终实现两权分离，公司稳健发展。

2017 年 5 月国务院办公厅发布了关于进一步完善国有企业法人治理结构的指导意见，对进一步改进国有企业法人治理结构，完善国有企业现代企业制度提出了相关要求，就是要坚持党的领导、加强党的建设是中国特色国有企业现代企业制度的独特优势。要明确党组织在国有企业法人治理结构中的法定地位，将党建工作总体要求纳入国有企业章程，明确党组织在企业决策、执行、监督各环节的权责和工作方式，使党组织成为企业法人治理结构的有机组成部分。要充分发挥党组织的领导核心和政治核心作用，领导企业思想政治工作，支持董事会、监事会、经理层依法履行职责，保证党和国家方针政策的贯彻执行，这是中国特色国有企业现代企业制度的新要求。企业治理授权和管理授权要充分考虑这些要求，在满足企业实际经营管理需要的同时，要坚持权责分配的几个基本原则，主要包括：

合法合规原则：作为国有企业，要满足国家法律法规的要求，遵循中国特色现代国有企业制度相关要求，将加强党对国有企业的领导和完善治理结构相统一；

权责对等原则：授权要与担责挂钩，既要避免有责无权，也要防止有权无责；

逐级授权原则：各级组织在被授予与其职责相应的管理授权，上级授权通过正式的文件将部分管理授权授予下级组织，不得转授或变相转授已有权限以外的授权；

相互制衡原则：职务不相容岗位应相互分离，经办机构对超越授权范围的事项有权拒绝，并向上级报告，确保权限履行中的相互制衡。

第一节 董事会的治理授权

股东大会不会作出有关公司日常经营的决定，因为决定太多，每件事都要通过股东大会是不可能的。但这也不代表董事会可以一手遮天，因为某些情况下，涉及重要事项，小股东也可以要求召开股东大会，通过投票决定某些议案。所以两会是权力互相制衡的。股东大会只对重大事项进行投票或者参与，而董事会是对企业发展方向做指引的。股东可以提名任命董事而不能参与公司内部决策，所以股东的管控意志可以通过公司章程及委派值得信赖的董事参加公司董事会来体现，股东和董事会明确权责边界，董事会获得股东会的授权来参与公司经营决策。按照《公司法》第四十六条的规定，有限责任公司股东可以授权董事会行使下列职权，董事会行使该职权对股东会负责。

（一）召集股东会会议，并向股东会报告工作；

（二）执行股东会的决议；

（三）决定公司的经营计划和投资方案；

（四）制订公司的年度财务预算方案、决算方案；

（五）制订公司的利润分配方案和弥补亏损方案；

（六）制订公司增加或者减少注册资本以及发行公司债券的方案；

（七）制订公司合并、分立、解散或者变更公司形式的方案；

（八）决定公司内部管理机构的设置；

（九）决定聘任或者解聘公司经理及其报酬事项，并根据经理的提名决定聘任或者解聘公司副经理、财务负责人及其报酬事项；

（十）制定公司的基本管理制度；

（十一）公司章程规定的其他职权。

以下是一份企业的治理授权表节选供参考。

序号	决策事项	总经理	董事会	股东	备注
1	公司治理				
1.1	公司章程制定与修改	提议	审核	批准	
1.2	公司合并、分立、重组、解散、破产、清算、变更公司形式或上市	提议	审核	批准	
1.3	公司注册资本增加或者减少	提议	审核	批准	
1.4	下属公司发行或回购股票方案	提议	审核	批准	
1.5	董事会议事规则		批准		
1.6	公司年度内部控制与风险管理独立评价方案与报告（公司年度内部控制自我评价方案与报告除外）	提议	批准		
1.7	公司重大经营管理制度（如会计、投资、内部控制、风险管理、审计、薪酬、考核等）	提议	批准		
1.8	公司年度风险管理方案和全面风险管理报告	提议	批准		
1.9	公司制度流程体系管理方案及体系文件审批权限	批准			
1.10	公司年度会计报告审计事务所的聘任与解聘	提议	批准		根据股东的统一安排确定事务所
1.11	公司治理授权规定	提议	批准（不涉及股东保留权力事项）审核（涉及股东保留权力事项）	备案（不涉及股东保留权力事项）批准（涉及股东保留权力事项）	
1.12	下属公司治理				
1.12.1	下属二级成员公司章程制定与修改	提议	批准		

第二节　经营层的管理授权

董事会对经营层管理授权要结合企业的实际经营状况和对经营层管理水平的综合评价，授权要充分，要满足企业实际经营管理和发展的需要，授权要适度，有利于防范企业经营风险，效率和合法合规缺一不可，对国有企业股东关注事项和涉及“三重一大”事项，董事会必须要管，且企业的党委会、总经理办公会需要出具前置审议意见。

为保证管理授权得到有效落地，应结合国有企业党管干部原则与董事会选聘经营管理人员有机结合的途径和方法。坚持和完善双向进入、交叉任职的领导体制，符合条件的国有企业党组（党委）领导班子成员可以通过法定程序进入董事会、监事会、经理层，董事会、监事会、经营层中符合条件的党员可以依照有关规定和程序进入党组（党委）。党组（党委）书记、董事长一般由一人担任，推进中央企业党组（党委）专职副书记进入董事会。在董事会选聘经理层成员工作中，上级党组织及其组织部门、国有资产监管机构党委应当发挥确定标准、规范程序、参与考察、推荐人选等作用。积极探索董事会通过差额方式选聘经营层。根据《公司法》的规定，总经理对董事会负责，行使下列职权：

（一）主持公司的生产经营管理工作，组织实施董事会决议；

（二）组织实施公司年度经营计划和投资方案；

（三）拟订公司内部管理机构设置方案；

（四）拟订公司的基本管理制度；

（五）制定公司的具体规章；

（六）提请聘任或者解聘公司副经理、财务负责人；

（七）决定聘任或者解聘除应由董事会决定聘任或者解聘以外的负责管理人员；

（八）经理列席董事会会议。

（九）董事会授予的其他职权。

公司章程对总经理职权另有规定的，从其规定。

中国特色现代国有企业制度就是要把加强党对企业的领导与完善公司治理有机结合起来，因此董事会对经营层的管理授权要从国有企业董事会、党委会与总经理办公会决策协同机制上予以充分考虑。党委会和董事会、总经理办公会，都是我国现代国有企业治理结构下的企业领导机构和权力机构，国有企业党委会与企业董事会、经营层的目标是一致的，但各自的角色又不完全相同。

第 4 章 董事会价值创造

董事会是现代企业制度两权分离的产物，现代企业制度的特征是“产权清晰、政企分开、权责明确、管理科学”。董事会的权力来源于股东，其使命就是为股东创造价值，其履行的经营决策权与管理层的经营权是明确的。董事会选择做正确的事情，正确地做事情是管理问题，应主要由管理层负责。

董事会的贡献主要体现在不辜负股东的重托，为股东持续创造价值，作为公司的最高经营决策机构，董事会的价值主要体现在公司发展中的战略引领作用，确保公司按照正确的发展方向前进，同时，在公司发展中做好有效监督，关注并严格把控公司的各类重大经营风险，董事会应全力支持经营层的工作，发挥董事会成员的管理经验和专长，为经营层提供必要的支持和服务。

第一节　董事会的战略引领

在企业经营管理实践中，不同经营规模、所有制性质、资本结构、组织结构的企业董事会在企业战略管理中的作用是一个权变的问题。面对全球政治经济环境更加复杂多变的形势和未来发展的不确定性，董事会需要发挥怎样的作用才能更好地引领企业未来的发展？过去引领我们企业走向成功的方法今后是否依然奏效？今天的企业在制定发展战略时，需要比以往更加谨慎、更加敏锐，董事会只有积极地谋划并主动引领，才能促进企业在未来的发展中保持领先的优势。董事会应该始终把促进企业稳健发展放在首位，要充分发挥董事会的战略引领作用：

从战略管理制度入手

根据股东的要求，企业应该明确负责发展战略和规划编制的工作机构，建立相应的制度，并报股东备案。战略管理制度主要是对战略管理的内容、战略管理的组织机构及职责，以及战略制定、战略执行、战略控制与评估等战略管理活动进行规范。

董事会、战略委员会和董事在战略制定、战略执行、战略控制和评估方面都应发挥重要作用，并需要董事会成员与经营层团队充分协同。战略管理职责的具体划分可根据各企业的实际情况确定，但应在战略管理制度中予以明确。

战略管理制度作为企业的基本管理制度，一般应经董事会战略委员会审议通过后，提交董事会审定。董事至少应关注公司是否有健全的战略管理制度，战略管理制度是否符合股东的规定和要求，战略管理制度能否有效落实。

积极参与战略制定

战略分析是制定战略的基础。在战略分析环节，董事会应重点关注：是否系统地分析了当前和未来的外部环境带来的机遇和挑战；是否系统地分析了当前和未来公司的优势和劣势。借助 SWOT 等工具方法可以提高战略分析质量。有条件的可以不妨开发本公司的战略研究工具，以提高公司战略研究工作的效率和质量。

前面提到董事会制定年度计划中董事会要适时召开战略务虚会，主要是针对公司发展战略及中长期规划进行定期回顾、研判和展望。董事会应重点关注：确定公司的使命、愿景和战略目标，为公司日常经营活动和长远发展提供方向性指引；确定公司价值观，引导和规范公司员工的行为；组织研究公司核心业务优化调整方案及非核心业务整合方案；引导公司战略转型升级和商业模式创新研究，引导和推动公司转变发展方式，增强公司的可持续发展能力和保值增值能力。

董事会要关注公司的规划体系是否健全。公司规划体系包括总体规划（如五年发展规划、三年滚动规划等），各业务规划以及人力资源规划、信息规划等职能规划。公司发展战略及中长期规划，是制定公司年度工作计划的重要依据，完善规划体系有助于把公司的日常经营活动纳入科学规划的轨道。

董事会应关注战略规划的目标体系。首先，把能够充分体现股东利益和关切的关键指标，比如资产保值增值率、经济增加值（EVA）、资产负债率等纳入目标体系（见图3）。其次，要精心筛选对公司有重要影响的非财务目标，非财务目标的选择应重点考虑对企业发展的重要性以及针对企业存在的突出问题和主要薄弱环节。比如商业模式创新、管理转型升级、流程再造优化、信息化、研发能力、品牌价值、全员劳动生产率、市场占有率、增长率、客户满意度等。

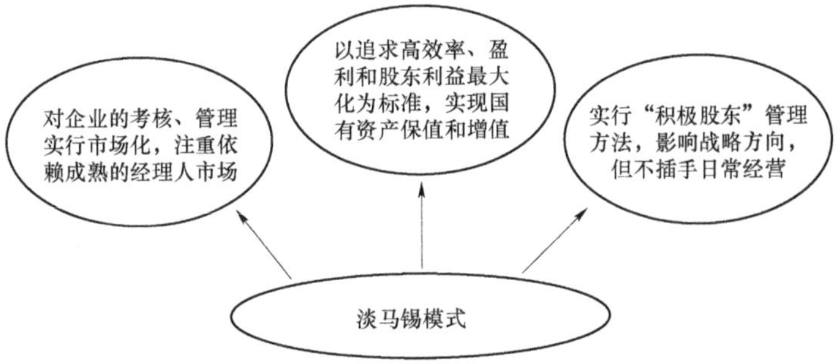

图3 淡马锡模式为我国国有企业发展提供了参考和借鉴

董事会在公司制定战略选择方式方面要给予指导。制定战略的方式不同，董事会对战略形成的参与程度和方式也不同。根据董事会的实际情况，可考虑分别选择。

聘请专业顾问机构协助董事会制定战略；董事会提出制定战略的原则要求，由经营层人员制定战略草案，提交董事会审议确定。

董事会侧重制定公司层战略，经营层人员侧重制定事业层战略和职能层战略并提交董事会审定等。无论选择何种方式，都需要董事会和经营层团队充分研讨、集思广益，必要时听取外部专家的意见，提高制定战略的科学性和可行性。

协同战略执行

战略的成功“三分靠制定，七分靠执行”。战略执行任务主要由经营层承担，但董事会不是做完决策就完了，董事会要适时了解战略执行情况，给予经营层评估和指导意见。

董事会应关注所制定的预算和投资计划是否满足战略实施的要求；

应重视引导和推动管理变革、管理创新，推动管理提升，确保组织结构和管理水平能够满足战略实施的需要；

应重视制定与战略相匹配的政策，激励和约束有关责任主体创造性地执行战略，保障战略目标的实现；

应关注经营层团队是否把战略转化为年度工作计划，把规划任务层层分解落实到各责任主体，并建立起相应的考核机制。

在战略执行方面，董事会应关注：

公司是否确定了与公司层战略相匹配的业务发展战略和计划；是否确定了公司层战略、业务发展战略相匹配的职能层战略和计划；是否确定了与公司层战略、业务发展战略、职能层战略相匹配的激励政策；是否确定了与战略实施相匹配的预算或资源配置方案；是否形成了支持公司战略的企业文化。董事会通过与经营层团队加强沟通、向经营层团队提出建议、进行质询等促进战略实施。

参与战略控制与评估

战略控制与评估主要因为，一是企业内外部环境不断变化，原定的战略需要适应变化的要求，进行完善，甚至重大调整。

一个经典的例子，美国柯达公司在传统的胶片时代独领风骚逾百年，由于对数码技术反应不灵敏，不主动进行变革，错失发展良机，折戟数码时代，百年老店最终难逃破产厄运。而一批新生代的创新型企业则成为网络经济的时代宠儿，他们善于洞察商业机会，勇于进行企业领导力变革和商业模式创新，在企业发展的同时促进和改变了人们的生活方式，实现了商业上的巨大成功，如今网上订票、支付宝、微信等已逐渐成为人们现代工作、生活方式中不可或缺的一部分，阿里巴巴、携程、腾讯等企业的成功很大程度得益于通过战略控制与评估，及时调整完善战略，及时解决执行偏差，保障战略目标最终实现。

二是在没有必要调整战略的情况下，战略执行也难免偏离战略目标。这种情况更为常见。因此，董事会在战略控制与评估中至少应关注：制定战略时的假设是否出现重大变化；实施过程中的环境变化是否会导致战略失效；战略实施是否偏离了战略方向和目标；公司战略控制系统和战略控制手段是否能有效发挥作用；是否确有必要对战略进行调整；战略执行结果与股东要求是否一致等。

第二节　董事会的有效监督

董事会发挥有效监督是董事会的重要职责之一，新的 COSO（美国反虚假财务报告委员会发起人委员会（Committee of Sponsoring Organizations of the Treadway Commission）框架最突出的特点是提高了对企业风险的关注程度，使风险管理逐渐呈现与企业内部控制一体化的趋势，即以风险管理为主导，建立适应企业风险管理战略的新的内部控制。企业内部控制开始走向范围更宽泛的风险管理。

企业董事会应加强对风险的认识，将风险管理提升到一定的高度，逐步建立以风险管理为核心的内部控制体系。由于控制是需要成本的，董事会与管理层要将精力主要放在风险管理上，而不是对所有细节的控制上。对风险的管理是否及时、有效往往会关系到企业的生死存亡。只有将风险管理作为核心的内部控制才能为企业的存续和发展提供更大的支持。

企业风险管理需要企业管理者建立一种企业总体层面上的风险组合观，对相关的风险进行识别并采取措施使企业所承担的总体风险在风险偏好的范围内。在制定目标时，要针对不同的目标分析其相应的风险，并根据对实现企业目标的潜在影响来确认风险，从固有风险和残存风险的角度进行风险评估，对规避、减少、共担和接受等风险反应方案，企业管理层应比较不同方案的潜在影响，在企业风险容忍度范围内的假设下考虑风险应对方案的选择。

董事会应督促企业加强内部环境建设，包括企业风险管理理念、企业风险偏好、企业员工的诚实性、道德标准和能力、权责的分派以及企业的人力资源政策等。内部环境设定了企业的基调，同时也是决定一个企业的内部控制优劣的基础。企业要加强对内部环境的建设，只有拥有良好的内部环境，能保证具体内部控制措施的实施，才能真正建立起有效的监督体系。

在构成内部环境的要素中，董事会是重要的组成部分，对其他要素有着重大影响，建立健全董事会功能是企业最根本的内部控制。安然、世通等特大财务欺诈案件都直接与董事会功能失效和内部人控制泛滥有关。现阶段大多数董事会建设和运作还没有完全到位，内部控制缺乏应有的股东监督机制，更多地依赖于经营者的自律上，关键人控制现象十分突出。企业应该认识到董事会对企业的所有活动负有最终责任，要充分发挥董事会的监管作用，确保企业的各项活动符合其风险偏好、不超出其风险容忍度的范围，这样才能使企业健康地发展下去。

曾经荣登《财富》500 强第 7 名的美国安然（Enron）公司，于 2001 年 11 月申请破产，董事会、监事会和公司经营层被指责疏于职守、虚报账目、误导投资人及牟取私利。公司治理的监督机制包括内部监督机制与外部监督机制，其中内部监督机制是指股东大会、董事会、监事会等监督机制；外部监督机制是指媒体、中介机构等监督机制。现阶段在我国很多企业缺乏完善的公司治理机制、内部环境较差的情况下，要使内部控制有效执行，必须借助于企业内、外部的监督机制，定期和不定期地对内部控制制度的执行情况进行检查与考核，不断发现问题、解决问题，从而不断修改或调整有关的控制环节和措施，促使内部控制日趋合理有效。

无论多好的制度，若得不到切实的执行也不能发挥其应有的作用。内部控制并非仅仅是政策手册与表格，而是由具体的人来执行和实施的。在加强企业内部控制管理的过程中，人的因素十分的重要。这里所说的人，不仅仅是企业的管理人员、董事会成员或内部审计人员，而应包括来自企业内每一个阶层的每一个员工。一个良好的内部控制系统应确保企业内每一个员工都能清楚地知道其所拥有的权力和承担的责任，树立每一个员工都应对企业的内部控制负有责任的观念，促使他们团结合作，主动实施并完善企业的内部控制，为企业总体目标的实现认真履行自己的职责。

在全球化进入新阶段，企业竞争进入全球价值链竞争的当今时代，董事会如何加强有效监督，及时发现重大隐患？董事会按照股东授权行使对企业的经营决策，同时，根据股东的要求，对企业实施全面风险管理，董事会有责任和义务对企业的经营管理实施有效监督。

董事会对风险管控的要求

股东要求企业实施全面风险管理，全面风险管理是指企业围绕总体经营目标，通过在企业管理的各个环节和经营过程中执行风险管理的基本流程，培养良好的风险管理意识和文化，建设全面风险管理体系，包括风险管理策略、风险管理措施、风险管理的组织职能体系、风险管理信息系统和内部控制系统，从而为实现风险管理的总体目标提供合理保证的过程和方法。由于企业的外部环境和内部因素复杂多变，风险无处不在、无时不有。重要的是能够及时识别风险、确定好风险承受度、有效管理风险，把风险控制在适度范围以内。

国资委制定的《中央企业全面风险管理指引》及其相关文件，财政部等五部委制定的《企业内部控制基本规范》及其配套指引，是中央企业全面风险管理和内部控制的重要依据，也是对企业全员、全过程、全要素的行为规范和指导。专职董事，特别是审计委员会和风险管理委员会的董事，应注意学习掌握国资委、财政部等部委有关文件要求，深刻理解董事会、专业委员会以及董事的相关责任和义务。

董事会对风险管理的主要职责

审议并向股东提交企业全面风险管理年度工作报告；确定企业风险管理总体目标、风险偏好、风险承受度，批准风险管理策略和重大风险管理解决方案；批准风险管理组织机构设置及其职责方案；负责内部控制的建立健全和有效实施；批准重大决策、重大风险、重大事件和重要业务流程的判断标准和判断机制；批准重大决策的风险评估报告；批准内部审计部门提交的风险管理监督评价审计报告；了解和掌握企业面临的各项重大风险及其风险管理现状，做出有效控制风险的决策；决定企业的资产负债率上线；批准风险管理措施，纠正和处理任何组织或个人超越风险管理制度作出的风险性决定的行为；督导企业风险管理文化的培育；对企业风险管理的实施进行总体监控；全面风险管理其他重大事项。

健全全面风险管理体系

企业应当根据有关法律法规，建立健全全面风险管理制度，并有效实施内部控制，不断完善全面风险管理体系。风险管理的基本流程包括：收集风险管理初始信息；进行风险评估；制定风险管理策略；提出和实施风险管理解决方案；风险管理的监督和改进。我们再来看看法国兴业银行巨亏的例子。

2008 年 1 月 18 日，法国兴业银行收到了一封来自另一家大银行的电子邮件，要求确认此前约定的一笔交易，但法国兴业银行和这家银行根本没有交易往来。因此，兴业银行进行了一次内部清查，结果发现这是一笔虚假交易。伪造邮件的是兴业银行交易员凯维埃尔。更深入的调查显示，法国兴业银行因凯维埃尔的行为损失了 49 亿欧元，约合 71 亿美元。这绝不能孤立地看成是一起银行工作人员的道德事件，而应该看做金融企业内部控制制度的缺乏和失灵。法国兴业银行的教训是深刻的，在国家从宏观层面完善企业会计准则和增强企业实力的同时，企业内部也应健全全面风险管理体系，消除企业内部的个别风险。

内部控制制度是控制风险的第一道屏障，企业的各类生产经营活动都应满足内部控制的基本要求，董事会和管理层应加强监督，应成立相应的自律机构，保证相关的法规、原则和内部管理制度得到有效贯彻执行；要有严密的内控机制，按照相互制衡的原则，对业务操作人员、管理人员和风险控制人员要进行明确分工，要设立相应的检查验证控制点，建立严格的内部稽核制度，对风险管理程序和内部控制制度执行情况以及各有关部门工作的有效性要进行经常性的检查和评价，确保各项风险控制措施落到实处。

人员的行为风险可以通过内部控制制度防范，但再严格的内控对于经营层团队也可能无能为力，管理层凌驾于内控之上的现象是造成企业风险的深层原因，对管理层的监督和约束机制还相对较弱，应借助于完善的法人治理结构，建立科学合理的决策机构；其次是强化董事会、监事会的职责，使董事会应在风险管理方面扮演更加重要的角色；第三是强化内部审计人员的职责，建立内部审计人员直接向股东会、董事会负责的机制。

企业风险管理体系建立与运行，应当遵循几个主要原则：全面性原则，即风险管理应当贯穿决策、执行和监督全过程，覆盖企业及其所属单位的各项业务和事项；重要性原则，即风险管理应在全面落实的基础上，重点关注重大风险、重要业务事项和高风险领域；制衡性原则，即风险管理应当在治理结构、机构设置及权责分配、业务流程等方面形成相互制约、相互监督，不相容职务分离，同时兼顾运营效率；适应性原则，即风险管理应当与企业经营规模、业务范围、竞争状态和风险水平等相适应，并伴随着情况的变化及时加以调整；相容性原则，即风险管理关注应与其他管理工作紧密结合，要把各项要求融入企业管理和业务流程中；成本效益原则，即风险管理应当权衡实施成本与预期效益，以适当的成本实现有效风险控制。

加强全面风险管理报告

按照股东的要求，企业应编制全面风险管理年度报告，经董事会审议通过后，及时报股东批准备案，并通过适当方式在企业内发布。全面风险管理年度报告的主要内容包括：上年度全面风险管理工作计划完成情况、重大风险管理情况、重大风险管理解决方案的监督检查情况、内部控制系统建设情况、风险管理信息化建设情况、建立健全全面风险管理体系情况等；本年度企业风险评估情况、全面风险管理工作计划、重大风险管理情况；风险管理有关意见和建议等。

总之，风险管理要做到“四同步”“三落实”。“四同步”指第一，同步决策。在决策各事项的同时，评估和揭示风险，确定风险管理措施。第二，同步部署。在部署各项工作的同时，部署风险管理工作。第三，同步检查。在检查各项工作的同时，检查风险管理情况。第四，同步总结考评。在总结工作和考核评价各项工作的同时，总结与考核评价风险管理工作。“三落实”指第一，认识落实。通过学习培训、沟通交流等有效方式，提高全员的风险意识，掌握履行岗位职责所需要的风险指示，梳理正确的风险理念，增强风险管理的主动性，提高风险管理能力。第二，组织落实。根据股东要求，明确和落实董事会专业委员会、经营层团队、风险管理主管部门和其他部门、专职风险管理人员及其他各岗位人员的风险管理职责。第三，流程落实。在管理体系建设中，把风险管理融入各工作流程中，把内部控制作为风险管理的重要基础，把风险管理贯穿于企业的全员和全过程。

第 5 章

董事会报告机制

建立股东、董事会、经营层之间简洁、顺畅、高效的报告机制非常必要，这是保证信息对称的关键。报告体系反映的是公司行政管理规则和秩序，绝大多数企业还没有完全从行政管控过渡到治理管控，报告的方式显然沿袭向最高权力机关报告，并没有意识到应该首先向股东委托的董事会报告，当然，现阶段董事会的授权也没有完全到位，多数情况下，经营层倒不是刻意回避董事会，而是觉得不如向股东报告来的直接，有些情形明明是董事会决策的事项，如果股东在董事会决策之前，已经有了明确意见，置董事会于尴尬境地，董事会是遵从股东决定？还是依据授权自主决策？如要彻底改变董事会这种被动的现状，应尽快按照治理关系和权责分明来理顺信息报告体系，这方面股东要大力支持，所有的应该由董事会知道和决策的信息不能越过董事会，董事会得到的信息至少应与股东同步，该由董事会决策的事项，股东在董事会决策前不轻易发表意见或表态，具体建议做好以下方面的报告。

第一节　公司向董事会的报告

按照上市公司准则要求，上市公司对公众是有信息披露的责任和义务，非上市公司虽没有明确要求，但应建立向董事会和董事的报告机制，做好向董事会成员披露公司日常经营所涉及的各类重要信息，包括产业政策变化、国家政策法规调整、外部环境和市场重大变化、经营和财务状况等报告。

建立公司审计部门向董事会负责的工作机制，有利于强化董事会的审计监督职能，这也符合董事会建设最根本的目的在于强化为股东创造价值的公司治理初衷。公司审计部门要承担董事会审计委员会的相关具体工作；建立审计部门向董事会负责的工作机制，有利于审计部门的相对独立性，有助于帮助董事会对项目进行事前、事中及事后的指导、监督；建立审计部门向董事会负责的工作机制，有利于防止内部人控制，审计部门作为职能管理机构，在实际操作中，在经营层的领导下，很难不受干扰，做到内部审计的相对独立性不易，这也是为什么要求审计部门对董事会负责，且董事会的审计委员会主要由外部（或独立）董事、专职董事组成，做到审计委员会不被内部人控制。

股东和董事会要确保得到的信息准确、及时、可靠，这样股东、董事会与经营层在信息对称的情况下，决策才能做到客观公正。除了召开股东会、董事会，要建立日常的报告体系，包括财务经营、“三重一大”、突发事件等信息要及时报送董事会成员参阅，公司的重要会议也应邀请董事参加。在可能的情况下，我每月参加任职企业总经理部月度例会，对熟悉和掌握任职公司的经营状况，对履职提供了很好的帮助。

第二节　董事会向股东的报告

董事会也应建立向股东的报告机制，包括年度董事会报告、日常沟通报告、重大专项报告等，董事会按照股东授权分类实施审阅、审议、审批事项。建立董事会的报告主要考虑是，董事会授权范围内的事项，董事会应向股东通报有关执行情况，有助于股东对董事会履职评价提供输入；超出董事会授权的事项，必须提交股东决策；在实际经营过程中，会碰到很多新情况、新问题，需要股东和董事会、经营层一起研究解决。董事会报告的内容应包括基本情况分析和对策，董事会的意见和建议，提请股东关注和支持的请求。大多数企业是以董事长向股东主要领导口头报告的方式代替了董事会向股东的报告，如果是股权多元化的企业，应该有正式的渠道向全体股东报告。

第三节 董事调研和报告

董事在年度履职中必须安排一定的时间到任职公司开展调研，以全面掌握任职公司经营发展情况，对重大投资项目开展投前、项目实施中及项目完工后现场调研将有助于风险防范，控制风险，发现问题就是向董事会报告，及时责成经营层采取纠正行动以及做好经验反馈。

董事会年度计划中应结合公司年度的重点工作，由董事会办公室与董事沟通商定年度调研计划。以中广核技重大并购项目为例，在董事会决策前，中广核技均安排专职董事到项目实地开展调研，现场调研通过与被并购方座谈交流，参观了解生产销售状况，得到的信息是全面的、直观的，特别是对并购标的的资产属性、经营者的想法有了比较清楚的了解，你甚至可以想象出并购完成以后的状态，而这些信息无论纸质材料写得再生动都是无法获得的，增加了董事参与董事会审批决策时的信心，为董事会审慎决策提供了帮助，实践证明可行有效。

为做好调研，董事在开展调研前应拟定好调研提纲，调研结束后应向董事会提交调研报告，调研重要发现或需要提请股东关注的问题，除提交董事会调研报告外，也应及时报告股东。董事会完成决策及重大投资项目实施后，为了解项目有关进展，从董事会层面帮助协调解决项目推进中存在的问题，有必要继续开展董事调研活动。

董事会报告与董事个人报告都非常必要，董事报告有助于股东、董事会更加客观地了解董事履职情况，对董事在履职中发现的问题和提出的建议予以重视并采取必要的行动，我作为专职董事每月向股东治理部门报告月度工作笔录，将我参加会议的情况，审议议案的意见。

专职董事每月召开履职分享会，对履职中的重点、难点问题集思广益，每季度形成一份专职董事季度报告，反映任职公司经营活动中需要股东关注和支持的事项，对专职董事在参加董事会上提出反对意见的议案进行分析，陈述反对理由，季报得到股东的高度认可。每年年末，各位专职董事要提交1份履职报告向股东进行述职。

第四节 董事会秘书的报告

董事会秘书作为董事会建设和运作的直接管理者，对董事会规范高效运作非常重要。建立董事会秘书向董事会报告的制度有助于董事会对董事会秘书的考核评价，促进董事会秘书在加强议案质量提升、董事会会议组织水平、董事会关注事项跟踪落实报告等环节持续改进提高。当然，董事会秘书报告不应仅限于议案本身，对公司经营管理中发现的违法违规、超范围、超授权等经营行为，有责任有义务及时向董事会报告。

第 6 章 董事会考核评价

董事会是现代企业的核心治理机构，在公司委托代理链中，处于权力配置承上启下的重要位置，也是连接股东会和经理层的关键枢纽。股东会是董事会成员的选举机构，股东作为公司的出资人，主要通过对董事会、董事履职规则与程序的精心设计，动态地对董事会工作质量和效率、董事能力素质和诚信尽责进行评价，才能保证最大限度地降低代理成本，保持公司的健康稳定发展，获得投资资本的长期受益。可见，对董事会和董事的评价，是公司制度建设的重要环节，也是国企建设现代企业制度的关键点，主要涉及“谁来评、评什么、如何评、评价结果应用”等问题。

应该说，设立董事会、监事会、经理层的治理架构，仅仅是董事会建设工作的起步，更重要的是建立相关的制度流程以及相应的评价考核体系。在试点的中央企业和地方国企中有些通过在实践中探索，在董事会建设工作方面取得了很多好的经验。然而也有不少企业，形式上虽然已建立了董事会、监事会，股东也派出了董事、监事，但在实际运作中，董事会、监事会流于形式，董事充当“花瓶”或“橡皮图章”的情况仍不绝于耳。董事会有时就变成了股东大会或者总经理办公会，导致在现实中虽然董事会、董事付出了努力，外部市场、股东及利益相关方对董事会、董事的表现评价褒贬不一。很多企业干脆不对董事会和董事考评，或者即便评价和考核也是走过场，长此以往对那些致力于股东价值创造的董事会是一种伤害，而那些有才智的董事因为自己的价值和贡献未得到认可会变得越来越消极，最终损害的是股东利益。

自 2004 年国资委在中央企业中推行董事会建设试点工作以来，迄今约 85 家中央企业开展了董事会建设试点工作。试点的目标，一是要做到决策层与执行层分离，二是要逐步引入外部董事且在董事会中过半数，通过规范高效的董事会运作，建立起股东、董事会和经营层有效的制衡和委托代理机制。许多地方国有企业按照国资委的规定和《公司法》的要求，建立了企业的董事会、监事会、经理层的架构，国有企业的管理模式正在由过去的以行政管控为主逐步向以治理管控为主转变，国有企业董事会建设取得了重大进展。

加快建立一套客观公正的对董事会的评价和对董事的考核机制十分必要，完善考评机制是国企规范董事会建设和运作的重要改革任务之一。

第一节　考核和评价现状

对董事会和董事的考评是全球公司治理中的难题，难就难在没有一个统一的董事会评价和董事考核的衡量标准，难就难在缺乏有效的董事会和董事自我评价机制。国资委则更加注重评价试点央企董事会建设的规范性和有效性，旨在推行“目标层层分解、责任层层落实、压力层层传递”的国资经营责任机制。解析央企十余年来规范董事会建设的实践，由于行政性出资人机构的职责定位，在政府与市场、政府与国企的关系未真正厘清的大背景下，董事会和董事评价指标配置和方法缺乏科学性和合理性，评价体系存在“碎片化”的问题。

对国有企业董事会评价和董事的考核，主要是股东方及相关利益方的评价，以及董事会、董事的自我评价。对董事会、董事的考评天经地义，这是出资人的权利，股东、董事会、经理层的委托代理关系本质上是一种契约关系，当然应该通过考核评价来检验履约的实际效果。对国有企业董事会的评价和对董事的考核，有助于促进企业治理改进的不断完善，强化董事会对股东的受托责任和意识，考核和评价当前存在的主要问题。

一是央企在规范董事会建设试点实践中，主要的短板问题是未能按照《公司法》的有关规定，完全落实董事会对经理人员的选聘、任用和薪酬激励等职责。随着试点的深化，董事会法定的权力逐步落实到位，董事会评价和董事考核才能真正到位。目前大多数企业对董事会评价的指标过多过细，往往包含了经理层的经营管理性业绩指标，或是移植了董事会对经理层的业绩考核指标。

二是评价方法和指标设计过于简单，不能适应企业不同功能定位。如中央企业目前分为竞争性和公益性两类，不少央企属于市场没有完全分开的独家或寡头垄断性质，如电网、电信和能源类国企；也有的是非市场竞争的企业，大量承担着保障性责任，董事会绩效目标与竞争性企业就应该有差异。准确评价不同类别企业董事会治理绩效和董事履职能力，需要区别不同类型董事会绩效目标定位，才能在评价指标体系设计、选配和权重配置等方面，增强评价指标的差异化和导向性。

三是对董事的评价弱于对董事会的评价。董事会是由数量不同、经历和专业知识等背景不同的董事组成的决策团队，董事会的能力和水平主要体现在董事个人的能力、尽职勤勉程度、对董事会的贡献、董事行为的合法性，以及董事会运作的效率上。国有企业董事会建设中按照“外部董事占多数”的组建原则，参照《董事会试点企业外部董事履职行为规范》等试点文件，对董事评价总体上是共性多于个性，原则强于细则。

四是董事会评价形式，主要采用年度工作书面述职报告或和向董事归口部门汇报的方式，评价方式上与董事长的述职评价、企业负责人绩效评价考核等交叉，书面述职报告或对上负责的汇报形式，不可避免地模糊了董事会和董事评价的治理特征。

第二节　董事会评价

董事会评价权是基于股东权益的衍生和保障。董事会和董事的评价权行使方式上，主要分为自评和他评两大类。自评是由董事会组织的评价，需要有董事会成员自行检视存在的问题并迅速做出行为矫正或变革，不断改进董事会的工作。这种评价方式强调了董事会的自我完善和董事自律。

董事会评价主体

我国公司治理制度建设处于起步阶段，董事会和董事评价主要采用他评方式。他评行权主体主要有以下三种：

第一种是行使股东权利的主体。对国有独资公司来说，就是中央和地方各级国资委。然而，国资委作为行政性出资人机构，由于国资管理体制改革尚未到位，在“婆婆”职责强于“出资人职责”、对出资企业“管得过多和过细”的情况下，出资人机构与试点企业董事会之间，难免呈现强政企关系和弱委托代理关系的格局；对国有控股或参股公司来说，评价主体则是股东大会，但迄今为止鲜有成功或典型的范例，大部分国资控股或参股公司的董事会评价权处于虚置状态。

第二种是行使股东监督权的主体，即监事会。由监事会行使董事会和董事评价权的实践，主要源于银监会 2005 年颁布的《股份制商业银行董事履职评价办法（试行）》，虽然丰富和发展了国企董事会及董事评价体系和内容，但在评价结果应用上，与改进治理的目标距离较大。

第三种是来自社会和市场的评价主体。来自社会的评价主体主要有研究机构、宣传媒体或独立中介机构等，比较典型的有南开大学公司治理研究中心对上市公司治理状况的指标体系评价等，这类社会性评价虽然可从宏观层面进行统计分析和研究、总结宣传董事会工作的典型经验和方法，但社会和舆论评价难以具有内部治理约束力；而公众公司的市场化评价，目前仅限于证券交易和监管机构对规范治理的底线式监督评价，市场化评价机制尚未成形，对董事会和董事的评价和影响力度较弱。

国企董事会评价尚处于起步探索阶段，解决不同程度存在的评价权行使主体“移位、缺位和不到位”的问题，是修改完善国企董事会董事评价制度的首要问题。

确权、量化侧重任期

对董事会的评价应主要从董事会在保障出资人权益、公司重大战略决策、对经理人员的选聘和绩效考核等方面去衡量，此外应关注董事会对议案的审阅、审批及决策质量、决策效率。

股东评价董事会的经营业绩指标与董事会评价经理层的经营业绩指标是基本一致的，但董事会的评价应当将公司年度的经营业绩与股东下达给董事会任期目标（一般为三年）相结合，对董事会的评价应侧重任期评价。这样会促进董事会在考虑公司长远发展和中短期利益的目标上兼顾平衡，从而避免董事会的短期行为，减少董事会可能与经营层共谋而产生急功近利行为的风险，更加注重股东对公司长远发展的目标实现。值得一提的是，很多国有企业的股东往往将年度的经营业绩目标直接下达给经理层，如能通过董事会将目标下达，通过建立有效的制衡机制来激励和约束经理层，无疑对股东的权益是一种更好的保障。

完善评价建议

对董事会的评价应以股东为主，可由股东相关部门及公司监事会、外部专家共同组成评价小组，按照上述几个维度，结合公司的短期、中长期目标，制订出一套可量化的指针评价系统，公司年度经营业绩可作为当期的董事会绩效，任期经营业绩等同于对董事会三年经营绩效的后评价，通过对董事会的评价来衡量董事会的整体运作效率和决策质量是否满足股东及利益相关方的期望，从而引导董事会更有效地为股东及利益相关方创造更大的价值。

要实施董事会的评价，股东要进一步加大对董事会的授权。目前大部分国有企业股东的一些权力并未完全授给董事会，如经理人员的选聘和绩效考核权等，董事会感觉“胡萝卜和大棒”仍在股东手中，董事会对经理人的约束和制衡能力有限。当然，股东对董事会的人员构成、董事的经验、素质、能力、责任追究机制等代理人的资格等条件，代理的有效性尚存顾虑。然而，明确股东对董事会的授权和董事会对经理人的转授权，梳理清楚相应的制度流程，明确董事会的权责，是对董事会评价的基本前提。对上市公司而言，董事会的独立性和有效性尤为重要，因为董事会对经理层的业绩评价关乎公司下一期的业绩，董事会各专业委员会独立性的提高，符合监管部门的要求，满足全体股东对经理层的监管，防止大股东侵占公司资产，损害小股东的权益。总之，董事会能否发挥其应有作用取决于董事会的独立性、规模、结构，更与董事会的行为密切相关。科学的董事会评价方法，需要具备三大核心要素：即完善的评价指标体系、合理的评价标准、科学的方法和程序。

修改和完善国企董事会和董事的评价制度，关键之一是要解决评价结果与激励脱钩及有评价无激励的难题。完善董事会评价的建议。

一、深化国资管理体制改革，分类规范董事会评价主体权责，促进监管职能转向“管资本”为主董事会和董事评价权的实质，是股东用人权益的延伸和对出资人产权的保护。国资监管机构要把完善董事会评价制度，作为出资监管职责转向“管资本”为主的改革举措，依据国有企业产权结构和功能定位的特点，通过公司章程分类明确董事会评价主体和评价导向。国有独资形态的国有资本经营公司和集团公司，委派董事和组建董事会的出资监管机构是法定评价主体。其中对国有资本营运公司的董事会，应以国有资本优化布局、资本流动效率和发展新兴产业等为董事会绩效评价导向；对国有独资的集团公司董事会，则应以国有资本价值创造、保值增值和经营战略发展规划为董事会绩效评价导向。积极有序发展混合所有制经济的改革大潮，鼓励大部分竞争性国企通过混合制改革，健全公司治理结构。国资监管机构在这类企业董事会评价中的主体地位，必然会被股东会或股东大会所替代，即使是国有股权绝对控制或相对控制的企业，评价主体也应由代表全体股东利益的董事会选举机构来行使；对于非竞争类的国有企业，即具有特点功能目标或公益类目标的国企董事会评价，可以学习国外成熟的国有企业董事会评价方法，引入相关管理机构与社会公众的评价意见。在董事会评价导向上，非竞争类国有企业应以服从国有资本的功能定位，突出满足公共需求、政府特定目标等为保障性责任。

二、制订标准，细化评价方法和程序，增强董事会评价的系统性。为了避免董事会评价基层实践的盲目性，建议国务院国资委及时总结前期试点实践的成果，依据我国《公司法》《企业国有资产法》《证券法》和《OECD 国有企业公司治理指引》等主要依据，贯彻国资分类监管的原则，针对不同类型国有企业董事会的特点，制定完善各类国有企业董事会的评价体系和评价标准，通过理论和标准模本的指导，把董事会评价的“顶层设计”和“基础实践”更好地结合，加强董事会评价体系的系统化和标准化，充分发挥董事会的治理功能、促进董事会组织结构优化，确保国企董事会集体决策职能的有效发挥，增强经营活力和发展动力。

三、推进国企领导人员管理“去行政化”，贯彻“优胜劣汰”原则，提高董事会评价成果的效用性。取消国有企业领导干部行政级别虽已经成为改革的共识，但行政化管理仍然是当前国企领导人员管理的主导方式，且与市场竞争不适应的矛盾程度越来越突出。随着经营人才市场化选拔越来越普遍，国企经营层的入口端已经日趋多样化，但始终打不开市场化退出的出口，能上不能下、评价差的缺失淘汰机制，这也是董事会评价成果与市场化用人机制相互割裂的制度性根源。十八届三中全会提出，国有企业要合理增加市场化选聘的比例，建立职业经理人制度。深化国企领导人员管理体制改革，畅通差评成员退出的市场化通道，建立真实有效的董事会评价制度。取消国企领导人员的行政级别，减少行政任命，可以使国企董事会评价成果与选任聘免制度紧密结合，让市场机制来遴选优秀的董事，不断提高国有企业董事会的治理水平。

第三节　董事考核

西方国家在早在 20 世纪 30 年代初就出台了董事责任保险制度，把董事在经营决策过程中的某些过失责任运用保险机制分散其履职风险。

时至今日，世界 500 强 95%的公司为其董事和高级职员投保了责任保险，我国于 2002 年 1 月引入董事责任保险，平安保险是首家为董事购买责任险的企业，尽管我国在立法及政策上对董事责任保险均持积极鼓励态度，但实际购买董事责任险的企业比例并不高，这对最大限度地激励董事为股东创造最大的价值有一定影响，董事作为代理人的激励约束机制是公司治理的重要组成，而科学准确的评价制度则是合理激励约束的前提条件。对董事的考核不应与任职公司的绩效挂钩，本人担任外部董事已有十余年，观察到诸位外部董监事忠诚勤勉履职之责从不敢懈怠，但因任职公司发展阶段不同，行业发展成熟度迥异，公司绩效存在较大差异。因外部董监事考核与任职企业挂钩，导致在成熟度较高的企业，不需要很大的投入，因公司绩效优良，董监事考核沾光。在成熟度不太高的企业，因公司绩效不好，即使外部董监事投入很大的精力，董监事考核受拖累。这很大程度上，把外部董监事的智慧、经验和价值贡献给淡化了。很显然在绩效优异的公司可能存在不一定称职的董监事，在绩效不好的企业不一定没有卓越的董监事。可能出现同一个外部董监事因任职企业调整，前后考核结果出现反差的情况。

《董事会试点中央企业董事会、董事评价办法（试行）》规定：董事会试点中央企业董事评价结果分为优秀、称职、基本称职、不称职四个等次。

对评价结果为优秀的董事，国资委给予奖励；

对评价结果为称职的董事，给予肯定和鼓励；

对年度评价结果为基本称职的董事，国资委提出整改意见，限期整改；

对年度和任期评价结果为不称职的董事，或者连续两个年度评价结果为基本称职的董事，予以解聘。

但在贯彻实施中，因“企业领导人员的市场化改革推不动”，国企领导人员管理和选拔的行政化色彩比较重，评价主体的评价权和被评价者的用人权相互脱节，存在形式重于实质的现象。董事会和董事评价约束机制与用人决策机制不一致，不合格董事难以形成市场化退出机制，问题的根源在于国企领导人员实际上存在的行政级别制度，“亦官亦商”的复合身份制度，以及国企领导干部“能上不能下”的行政化管理体制。董事会和董事的评价结果，如果不能与董事的奖惩相挂钩，董事考核的作用和意义将大打折扣。

董事会主导注重素质

在一个决策效率低下、决策质量不高的董事会中去评价考核董事，本身就不客观公正，因此对董事的考核首先要放在对董事会的评价基础上。董事会的规范高效运作取决于全体董事共同努力的结果，其中董事长作为召集人对董事会运作效率和决策质量起着非常重要的作用。对董事客观公正的考核，就是要考察董事个人在董事会中发挥的作用，创造的价值，主要考察董事对公司的战略思维能力、选人用人判断能力、对企业及行业熟悉度、重大事项应变力和决断力等素质。董事的专业背景与其任职公司所处的行业、发展阶段及经营管理复杂性的匹配度是需要关注的一个重要方面。另外，忠诚勤勉履行义务是董事的基本职责和操守，因此对董事的考评应统筹董事会绩效评价、董事履职能力和价值创造、公司经营业绩等因素，对董事做出综合的评价。

董事考核主体

可由董事长牵头，部分董事会成员、监事会及股东派出董事部门组成考评小组，按照上述几个维度对董事进行年度述职考评，当然也应结合任期目标考评。董事的考评结果作为股东聘免其的依据。对不称职的董事要果断调整，对优异的董事则给予奖励或晋升，引导和激励董事、尤其是内部董事为董事会的规范高效运作和所任职公司经营发展贡献更多的智慧，创造更大的价值。随着资本市场的不断发展和完善，公司所有权和经营权进一步分离，对上市公司而言董事会的质量将成为一个公司未来业绩好坏和股权回报高低的决定性因素。选聘优秀的内部董事，提高外部董事和专家委员在上市公司董事会中的比例将有助于提高上市公司董事会的质量。

对外部董监事考核首先应建立在董事会评价基础之上，在对企业经营绩效进行考评的同时应对董事会进行评价，列出优秀、良好、一般和较差若干等级，对每位外部董监事在不同评价董事会中的履职情况再做出客观评价，而非把任职企业的经营绩效直接以一定权重与外部董监事考核挂钩。随着央企建设规范董事会的不断深入，以及越来越多国企在董事会运作过程中的实践和探索，董事会规范运作的制度将进一步健全，董事会评价和董事考核体系将进一步完善，董事会评价和董事考核对治理改进的重要促进作用必将会为越来越多的国有企业所认识。

学习笔记：企业管治用好三份清单

前不久，国资委党委、中央纪委驻国资委纪检组召开案件通报会，对近期查处的两家中央企业两起国有资产重大损失案件进行通报，这两起案件后果严重、影响恶劣、教训深刻。国资委在通报会上指出，党的领导弱化、党的建设缺失、全面从严治党不力，是两家中央企业两起案件发生的根本原因。国资委要求各中央企业通过案件反思，引以为戒，进一步将加强党的领导和完善公司治理统一起来。从加强企业治理管控角度看，可以尝试推行清单管理。

第一份清单：权力清单

两起案件暴露出的制度不严密、执行不严格、用权任性、违规决策的重大教训在其他央企也不能说绝对没有，制度存在“牛栏关猫”现象，管控乏力，对权力运行制约和监督不力。因此，加强企业治理管控的第一份清单就是权力清单，必须首先明确各治理层级的授权，按照授权来决策，严禁任何组织和个人违规超授权行事。严格按照授权，健全完善企业股东会、党委会、董事会、总经理办公会等机构重大决策制度，结合这两起案件暴露出的违规决策等问题，深入查找企业“三重一大”决策制度存在的漏洞和风险点，进一步完善重大决策的议事规则和程序，严格执行法律、财务尽职调查以及风险评估等规定，强化各级领导的决策责任，最大限度防范决策失误和风险的发生。要充分发挥监事会、监察、审计等机构的“保健医生”作用，加强对权力的制约和监督，紧盯企业关键少数特别是“一把手”，紧盯企业投资并购、改制重组、产权转让、物资采购、招标投标、财务管理、选人用人、境外经营等重点领域和关键环节，制定权力清单和责任清单，建立健全行权履职的监督约束制度和机制。要强化制度的执行，深刻汲取这两起案件暴露出的企业领导人员带头违规以及有令不行、有禁不止等问题，牢固树立依法经营、依规管理的治企理念，带头尊崇制度、执行制度，严格按授权决策，按制度办事、按程序决策。

第二份清单：负面清单

今年年初国务院国资委先后出台了《中央企业投资监督管理办法》（第 34 号令)、《中央企业境外投资监督管理办法》（第 35 号令），明确要求中央企业要建立投资项目负面清单，设定禁止类和特别监管类投资项目，实行分类监管。列入负面清单禁止类的投资项目，中央企业一律不得投资，列入负面清单特别监管类的投资项目，中央企业应报国资委履行出资人审核把关程序；负面清单之外的投资项目，由中央企业按照企业发展战略和规划自主决策。中央企业投资项目负面清单的内容保持相对稳定，并适时动态调整。

这是强化企业治理管控的第二份清单，建立并推行负面清单意义重大，就是进一步聚集企业的主营业务，打造企业核心竞争力，不受诱惑不受干扰，按照企业的中长远规划不动摇，实现“百年老店”可持续发展，而非不确定性的“野蛮生长”。当然除了投资类负面清单，企业应建立涉及经营活动全过程的全面的负面清单，明令红线和底线，做到“令行禁止”，杜绝违法违规及企业限制类行为的发生。

第三份清单：责任清单

仅有了权力清单和负面清单，明确了可为与不可为，还不够，权责必须对等，因此建立并推行第三份清单，即责任清单就非常关键。从国资委党委、中央纪委驻国资委纪检组依照党纪国法对两起案件严肃查处的情况看，相关责任人既有领导责任，也有直接责任，既有开除党籍、党内警告等党纪处分，也有按制度追究相关行政处理，甚至移交司法机关国法处理。因此责任清单就是要根据权力清单所对应的各项事项内容和要求，明确考评要求，对这些事项在考核和评价时不仅要有定性的要求，而且要有定量的指标。这样，履行职责和追究责任才能做到有章可循、有规可依。解决这个问题，一个重要方面就是将领导的责任明确化、具体化，就是要问责。问责制度应该是一个问责、追责、负责相统一的配套工程，涵盖决策、执行、监督和事前、事中、事后各个方面和各个环节。追责则要解决执规必严、违规必究的问题。追责，就是追踪领导履行职责的情况，奖励尽职尽责的干部，追究渎职和失责的干部。一项好的制度，不仅要求内容合理、程序规范，而且要求执行严格、奖惩分明。如果不能对领导干部的履责情况进行科学的评价，对渎职行为进行严格的追究，那它就达不到应有的效果。一些单位和部门责任事故频频发生，责任制度执行不力、渎职行为惩罚不严也是一个重要原因。无论是问责还是追责，其目的并不仅仅在于处理相关责任人，更重要的是促使领导勇于负责、敢于担当，从而更好地推进事业。两家中央企业的两起案件查处通报表明，中央企业治理管控水平还有很大的提升空间，建立并推行清单管理只是提供了一种全新的思路。

第二篇
常见董事会议案

第二篇是我整理了近十年参加十余家企业董事会会议的议案，常见的议案比较集中在战略投资、融资担保、业绩考核及组织机构等议案，理论上讲，股东、董事会和经营层的目标是一致的，但由于角色不同，视角和观点有时存在差异，董事会要始终保持定力，在审查这类议案时保持清醒头脑，从严把关，做出正确的研判，董事会会议的成效很大程度取决于提交董事会审议的议案的质量，在议案的审议环节，如能抓住议案的重点，分析透彻并提出切实可行的审议意见，无疑将事半功倍。

审议这类议案的基本方法就是系统性思考，如战略投资类议案，我首先反问自己，如果这笔投资是我出钱，投还是不投？回报是多少？风险有多大？万一赔了，如何补救等。当然如果我一个人这么想，你可能会觉得有局限性和片面性，但如果每个董事都这么想，决策失误就会大大降低，实际就是要求董事会站在股东的角度看问题，如果经营层也能站在董事会和股东角度换位思考，那决策失误一定能够大大降低。

第7章 战略投资议案

企业战略投资是企业做大的主要发展方式，但如果不把好投资审查关，不但不能做强做优企业，甚至使企业走向衰败。

董事会审查此类议案时，必须要进行系统性思考，对不符合股东和公司战略方向的项目，要态度鲜明地予以否决，避免盲目投资，才能实现真正高质量的发展。发展是各企业的第一要务，战略投资类议案几乎是每家企业董事会审议最重要的议案，此类议案相对比较复杂，以下要点应加以关注：

首先看战略导向，即此投资项目符不符合股东及本企业的战略规划，投资方向应聚焦主业，控制非主业，大力培育和发展战略新兴产业，在资源上优先发展战略价值高的项目。董事会管战略，主要职责是确保做正确的事，正确的做事是管理问题，主要应该是经营层的职责。战略投资首先要清楚自己不做什么，有很多投资项目，投资回报的确不错，但不属于股东或本企业的战略规划范围。要坚决抑制“投资饥渴症”带来的冲动。当然，战略规划并非一成不变，战略规划应随着环境的变化进行动态调整，战略投资需要与股东沟通得到股东的支持，这是股东的权力。董事会应牢牢抓住战略规划这个牛鼻子，督促企业制定战略规划和滚动修订三年经营计划，与此同时，董事会还要督促公司制定投资负面清单，负面清单不能单纯理解为捆住了企业的“手脚”，约束企业不能做什么，我理解负面清单是让企业在正确的道路上放开“手脚”去干，即不在负面清单的都不禁止，正确的企业战略投资是“有所为、有所不为”。董事会审议或审批此类议案应发挥战略的引领作用。

其次要战略投资在满足合规性、高效性和权责匹配要求的同时，要兼顾财务的谨慎性原则。风险防范和合法合规必须要有底线思维，安全发展的红线和底线不要触碰，不能突破。通过承受合理的投资风险获得相应的投资收益，投资活动必须考虑对整体财务指标的影响，做到规模和效益的平衡。随着国家“一带一路”倡议的实施，越来越多的企业开展海外投资，提升企业的国际竞争力，在审批海外投资项目时，企业海外经营通常涉及两个甚至多个国家，而不同国家在政治体制、文化背景、商业操作、法律制度等方面存在差异，海外经营管理的实际操作过程往往错综复杂，面临来自多方面的挑战，董事会一定要在投资决策风险、投资环境风险、境外投资保护风险、境外融资风险、政府监管和服务风险方面认真审查做出必要提示。

战略投资还要看年度投资计划盘子中有无相应的预算列支，如没有预算安排，项目又符合投向，回报也不错，则需要与股东沟通协商资金筹措问题；满足了这些条件，才去看财务模型、盈利模式、商业模式等涉及项目的 EBITDA、EVA、投资回报率、回报年限等指标是否达到或超过股东基本要求，中广核集团有投资评审中心，所有重大投资项目，在董事会决策前，投资评审中心会出具独立的评审意见供董事会参考。很多企业往往把这条放在首位，只要满足投资回报率，其他都可以通融，这就“本末倒置”了，留下了很多发展的隐患。战略投资只有统筹兼顾规模与效益，统筹兼顾考虑短期目标与长远利益，才能真正实现高质量的发展。

最后，一定要审视项目的投资风险和退出机制安排。战略投资类议案要考虑的因素确实比较多，此外，要考虑股权结构、市场容量、竞争格局、产品和技术前景以及政策环境和法律风险等，如果是境外投资，考虑的因素要更系统、更全面。面对未来不确定性，灵活的退出机制安排也是董事会关注不可缺少的内容。

战略投资的成功是企业品牌最好的宣传和推广，企业的文化、管理思想和品牌标识伴随着战略投资活动，伴随着开疆拓土得到进一步传承和远扬，反之，盲目投资带来的失败对企业品牌的摧毁和影响往往是瞬间的。

学习笔记：参加2014年中广核集团EDP培训随笔

2014年8月中旬我参加了中广核大学组织的2014年EDP第四期培训班，此期培训课程主要涉及战略与组织设计、品牌管理等内容，两堂课程的内容是有关联的，企业的战略发展所包含的内容非常广，我仅从这两堂课所涉及的内容，联系集团正在推进的板块化发展战略和品牌建设谈一点认识。

一、关于板块战略规划和板块协同性问题

中广核集团从大亚湾2台机组起步到目前在全国布局开发核电项目实现群堆管理，从建设运营核电项目到发展非核清洁能源及相关业务领域，从国内市场开发到积极参与国际市场开发成为国际一流的清洁能源集团。在集团不同发展阶段，选择了不同的组织架构和管控模式，30多年来比较好地顺应了集团的发展，必须承认集团现在面对的业务管理的确变得越来越复杂，境内外两个市场同时开发及国内和国际环境变化所带来的不确定性因素越来越多，为更好地适应全面深化改革的要求，实现集团可持续发展，集团按照各业务领域发展的状况，确定以板块来构建战略发展的思路，这是顺应形势变化的需要。

首先，板块的发展规划目标要符合集团发展的总目标，各板块发展应有协同性。按照目前确定的“4+X”板块，核电和非核清洁能源板块相对成熟，核燃料板块和金融板块正在打造，核技术板块仍处孵化，综合服务板块需要转型创新发展，几个板块发展是不平衡的，但各板块均提出要打造成未来国内行业第一或国际领先的企业，做好各板块的业务发展规划非常重要，要充分体现对集团成为国际一流清洁能源集团总目标的支撑和保障，集团也要平衡板块的发展与资源配置的矛盾，各板块发展应体现集团发展价值最大化，各板块的成长是促进集团的有机成长（Organic

Growth）而非“野蛮”生长。在发展中，集团还要注意“瘦身”，未来发展中还会有些业务可能会形成板块，也有些板块可能会舍弃。我们往往习惯做“加法”，对做“减法”重视不够，其实做“减法”也非常重要，有些不适应发展的业务必须果断舍弃，不能让其成为前进的“包袱”，只有在做“加法”的同时做好“减法”，集团的组织体系才会健康，各板块才能实现又好又快发展。集团在发展过程中，保持板块发展的协同性也非常重要，各板块发展既要符合集团总体战略布局的要求和目标，又要相互协同相互促进发展，因此对板块之间的关联性和协同性要进行系统性研究和科学布局，充分考虑板块与板块之间资源配置共享或集约化的空间，进一步挖掘协同发展的潜力，使板块战略与板块组织设计达到最佳匹配，只有做到集团各板块的不断优化和协同发展，才能实现集团可持续健康发展的目标。

其次，在满足规范化管理的前提下，要梳理和优化板块组织体系的运作流程。战略决定结构，流程决定规范和效率，板块化运作的组织流程体系需要尽快完善，在满足集团股东及上市公司相关监管要求的前提下，决策流程和效率还有待进一步优化。以核电板块为例，超出核电业主公司董事会授权的事项，过去报集团公司就决策了，现在需要由核电股份公司董事会决策，超出核电股份公司董事会授权的事项需要由集团公司董事会决策，其他板块以此类推，这是理顺集团法人治理结构后规范化运作的要求，我们要成为国际一流清洁能源集团就必须遵守这些制度流程，但板块化的管理应该是简化我们的管理，而不是让管理变得越来越复杂，基于板块化运作的流程梳理及优化既要满足法人治理结构的要求，也要满足板块区域化矩阵式跨部门、跨公司经营管理的特点，否则不能体现板块化运作和集团整体运作的效率。

二、关于品牌的联想

余明阳教授关于品牌的课程讲得比较生动，比较精彩，通过问卷调查了解大家对集团品牌的认知情况，普遍认为中广核的品牌市场认知度还不够，知名度不如大亚湾，中广核在行业、合作伙伴及公众的影响力和口碑比较好，中广核做事务实低调，有责任敢担当，与我们取得的业绩相比品牌提升还有很大的空间，对白鹭作为集团的 LOGO 也进行了探讨，我也谈谈对品牌的一点认识。集团 30 多年的发展积淀了许多宝贵的文化和思想理念，这是中广核集团优秀的 DNA 和品牌建设最核心的要素，如我们长期坚持的“安全第一、质量第一，追求卓越”的原则、倡导“三创”精神，“三实两基”作风，“一次把事情做好”等核心价值观和理念，正在逐步转化为全集团员工的价值取向和行为准则，我们的愿景是成为国际一流的清洁能源集团，这是对国家、股东、合作伙伴、客户、社会公众以及我们的全体员工做出的最美好的承诺。

记得 2003 年 8 月我参加国资委研究中心组织的世界 500 强企业调研，去雀巢总部参观，对雀巢当时的口号印象深刻：“Good Food，Good Life”，是什么样的力量让雀巢全球 30 万员工，不同种族、不同文化、不同信仰、不同语言和不同肤色的员工，统一到对雀巢企业文化和价值观的认同，雀巢认为文化和品牌的魅力是决定性因素，你会发现真正伟大的企业生产的已经不单纯是产品，而是在向你营销和推荐一种服务或一种生活方式，让你对他的企业从有好感到尊敬，再到逐渐喜欢上他的产品。与世界 500 强企业接触，发现他们大多数员工都有一种自豪感，道理很简单，产品和服务是靠人创造的，只有满意的员工才可能产出满意的产品和服务，这点对集团并购重组的新公司非常重要，如何尽快让新员工认同中广核文化和品牌是并购重组成功的重要任务。集团业务区域已遍布境内外，业务领域已涉及各行各业，互联网、微信等媒介可能让每一件小事都变成大事，每一个员工一定要牢记自己的言行可能会对集团的品牌和美誉度产生影响，因此，品牌建设绝不是设计一个好的 LOGO 就完成了，品牌建设要靠全集团员工的共同努力，品牌维护和管理是一项长期动态的管理工作，各级领导者在中广核文化的传承和品牌推广中应发挥积极的作用。

学习笔记：2018 年中广核 EDP 培训随笔——用战略定力驾驭不确定性

2018 年集团 EDP 培训的主题是有关战略，认真学习了中广核大学提供的《战略的本质》和《重塑增长》两本参考书，结合工作实际，谈谈我对应对企业战略面临不确定性的思考和认识。当今世界唯一确定的就是不确定！不确定给企业带来的影响有大有小，有好有坏，企业如何将不确定性转化为重要战略机遇，除了要制定一份好的战略，更要有战略定力应对不确定。

一、企业战略制定需要用战略方法

企业战略制定是决定企业成败的关键，企业战略如果制定错了，企业被带到“沟里”还浑然不觉。问问这些企业的员工，能完整准确说清楚企业战略是怎么回事的其实并不多，大家认为企业战略是领导的事，显然，该企业的战略制定，员工没有参与或很少参与，很多企业领导者也认为，制定战略是高层的事或是战略部门的事，员工只要按照定下的战略执行就好。这显然是没有运用战略方法来制定企业战略，企业战略是涉及企业根本性、全局性、长远性发展的行动指南，唯有全员参与，深入探讨，集思广益，方能对企业面临形势和未来目标愿景有清晰的研判并达成全员行动的共识，汇聚成全员的凝聚力和战斗力。判断有无运用战略方法要看战略制定有无进行系统性思考，包括 SWOT 分析、对标研究等工具，根据企业所处的不同行业、不同发展阶段选择经典型、适应型、愿景型、塑造型、重塑型战略，灵活运用战略调色板组合勾勒出每个企业精准的“军事作战地图”。既然企业战略事关企业的根本性、全局性和长远性，企业战略还必须明确一些基本原则和宗旨，如“一次把事情做好”是中广核长期发展形成的核心价值观，这一价值观在制定中广核战略时应充分体现，围绕这一核心价值观的原则和宗旨应该坚守。此外，要明确一些红线和底线，战略首先明确的不是“做什么”，而是应该清楚地知道“不做什么”，企业制定负面清单就是划了一道红线和底线，有所为有所不为，矢志不渝，战略才能引领企业从胜利走向辉煌。最后，战略制定的必须实事求是，企业战略制定只有做到“不唯上、只为实”，才能经得起历史的检验。所以，制定战略本身必须运用战略方法。

二、用战略定力驾驭企业战略不确定性

“计划赶不上变化”绝非一句玩笑话，全球政治经济格局变化和以互联网为特征的新技术革命给企业带来前所未有的影响，传统的战略理论找不到解决不确定性的答案，企业远大抱负和理想的坚守，需要持之以恒的战略定力来应对和化解诸多的不确定性，才能促进企业持续做强、做大、做优！

企业做大面临的不确定性：企业在制定战略时，都会有明确的规模发展目标，最常见的是未来几年翻一番，先成为国内领先，再过若干年成为国际领先。按照这个速度发展，很快中国企业将成为世界500强的主角，2018年《财富》榜单上，中国企业虽有120家进入了世界500强，但其中39家亏损企业中国企业竟占了12家。企业通过外延式并购和内生式增长相结合做大，面临的不确定性是重组别人？还是被别人重组？或保持独立发展？或逐渐退出市场？这些不确定性一直存在，很大程度上与我们的战略定力相关，追求规模是不是我们的主要目标或者唯一目标？我们不妨自问究竟最终要成为一家怎样的企业？我们的宗旨是什么？规模带来的快乐其实是短暂的，优秀和卓越的企业给社会创造的价值是永恒的，而大的企业并非都优秀，更何况从优秀到卓越有更长的路要走。企业要做大无可厚非，股东在考核上有要求也没有错。我们外延和内生增长、发展速度和质量、规模和效益方面要如何来权衡？战略定力不能动摇，不忘初心，方得始终。

企业做强面临的不确定性：企业制定战略时，对核心竞争力提升同样有明确目标，企业做强靠的不是规模，靠的是客户对你产品和服务的肯定，社会对你价值的认同，这是企业核心竞争力的体现。企业面临的不确定性与日俱增，“黑天鹅”与“灰犀牛”频现，全球化经营下，“蝴蝶效

应”带来的不确定性因素愈加复杂。干掉你的对手甚至是你从来没留意的互联网企业，跨界经营已成为一种常态，企业做强面临的不确定性是既有优势还算不算优势？产品和服务是否存在可替代性？新的战略机遇在哪里？战胜这些不确定性，需要保持战略定力，一方面通过精益化管理不断降本增效，不断提升服务水平，继续独领风骚。另一方面，加强学习和创新，战略上实现差异化，积极开拓新兴市场和新技术，形成新的跨界经营的核心能力。企业如果不做强，做大也是“虚胖”，不堪一击。

企业做优存在的不确定性：据统计，世界 500 强的平均寿命是 40 年，中国 500 强的寿命是 10 年，中国企业平均寿命不到 4 年。不论此统计是否精确，企业做优的一个重要标志就是健康长寿，做不到百年老店，也不要昙花一现。国务院国资委提出了《做强做优中央企业、培育具有国际竞争力的世界一流企业要素指引》，列出了具有国际竞争力的世界一流企业应具备的 13 个要素。做优是所有企业的共同追求目标，企业在做强的基础上做优，面临的内外部不确定因素中，内部因素占主要方面，企业在做强做大后，容易懈怠和自满，认为自己所长主业领域的成功包括商业模式，可以在其他业务领域“昨日再现”，一旦产生“无所不能”的想法，就是企业衰败的开始，很多企业都是在强大以后，不把自己的业务做专做精，抵不住市场的诱惑，涉足不相关多元化，迅速从大家的视野消失。企业做优，战略定力何其重要！

企业战略与全员的工作都有关，面对错综复杂的不确定，全体员工都有责任参与到完善企业的战略工作，唯有群策群力，集思广益，才能更清楚我们的优势、困难、机遇和挑战，才能让企业更好地适应快速变化的世界，这其中最为重要的就是保持战略定力，保持战略自信、意志和毅力。让不确定性成为我们新的发展机遇。

第 8 章

融资担保议案

为优化经济结构布局，我国当前正在积极推动供给侧结构性改革，企业应对照“三去一降一补”（指去产能、去库存、去杠杆、降成本、补短板）政策，审视融资担保的必要性和可行性。企业的融资行为一定要根据自身经营的实际需要及资金供求状况，向金融机构申请贷款、发行债券、资本市场融资等方式和渠道来筹划募集资金。

企业作为担保人一定要按照公平、自愿、互利的原则与债权人约定，当债务人不履行债务时，依照法律规定和合同协议承担相应的法律责任。

如何防范企业出现不良贷款和过渡融资，确保担保行为合法合规是审查融资担保议案的关键。

融资议案审查要点

根据股东授权，董事会负责批准一定金额以上的融资方案，融资属于“三重一大”事项，应按照“三重一大”有关规定执行。企业依法以吸收直接投资、发行股份等方式筹集权益资金的，应当拟订筹资方案，确定筹资规模，履行内部决策程序和必要的报批手续，控制筹资成本。筹集的实收资本，应当依法委托法定验资机构验资并出具验资报告。企业税后利润中提取的盈余公积包括法定公积金和任意公积金，可以用于弥补企业亏损或者转增资本。法定公积金转增资本后留存企业的部分，以不少于转增前注册资本的 25%为限。增加实收资本或者以资本公积、盈余公积转增实收资本，由投资者履行财务决策程序后，办理相关财务事项和工商变更登记；依法以借款、发行债券、融资租赁等方式筹集债务资金的，应当明确筹资目的，根据资金成本、债务风险和合理的资金需求，进行必要的资本结构决策，并签订书面合同。

董事会应当根据融资目的和规划，结合年度全面预算，评估筹资方案，明确筹资用途、规模、结构和方式等相关内容，对筹资成本和潜在风险作出充分估计。境外筹资还应考虑所在国的政治、经济、法律、市场等因素。企业应当对筹资方案进行科学论证，不得依据未经论证的方案开展筹资活动。重大筹资方案应当由可行性研究报告，全面反映风险评估情况。必要时，应聘请具有相应资质的专业机构进行可行性研究。

董事会对融资方案审批重点关注筹资用途的可行性和相应的偿债能力。重大筹资方案，应当按照规定的权限和程序实行集体决策或者联签制度。

企业根据董事会批准的融资方案，严格按照规定权限和程序筹集资金。银行借款或发行债券，应当重点关注利率风险、筹资成本、偿还能力以及流动性风险等；发行股票应当重点关注发行风险、市场风险、政策风险以及公司控制权风险等。

企业严格按照筹资方案确定的用途使用资金。筹资用于投资的，应防范和控制资金使用的风险。由于市场环境变化等确需改变资金用途的，应当履行相应的审批程序。严禁擅自改变资金用途。

董事会应关注债务偿还和股利支付环节的管理，督促企业对偿还本息和支付股利等做出适当安排。

董事会在审议融资方案时，需要关注公司经营层提交的议案是否对风险进行了充分、全面的考量和评估。融资行为将对企业资本结构产生重大影响，决定公司现时和未来偿债义务规模。融资方案应当包括对风险的评估和管控，即存在的主要风险、风险发生的概率、风险一旦发生对公司带来的损失、采取的应对和补救措施等进行合理审慎评估、分析。融资的风险因素是专职董事、外部董事首先需要关注的问题。

董事会还应关注公司是否通过融资审批权限的规范设置，规避融资的管理风险。企业应根据不同的业务特点、不同的管控方式、差异的集权分权程度，通过法人治理结构设计与安排，对子公司融资方案审批权限进行合理的规定，在灵活性与安全性之间寻求平衡。

融资方案应体现几个原则，一是战略指导原则，级融资计划于方案完全符合集团公司总体战略和公司自身发展战略要求；二是总量配合与效益优先原则，即在保持公司适度合理资产负债率的前提下，集中有限经济资源，优先发展对公司具有重要意义和良好经济效益回报的项目；三是综合权衡与降低成本原则，即合理权衡资本结构对公司稳定性、再融资或资本运作的影响，兼顾公司长远利益和当前利益，充分享受优惠政策，积极争取低成本融资。

董事会审议公司融资方案时，需要关注融资方案要素是否完整，包括融资背景、目的和用途。项目背景介绍，融资必要性说明，融资事项是否在计划预算范围内，融资方式、方法、额度、期限、规模测算，不同融资方案利弊比较，资金使用与还款计划，融资机构及其简介，利率和利息的估算，是否有担保等。

董事会需要重点关注公司融资前后的资产负债率、融资款项的使用和还款资金的筹集，财务杠杆系数，平衡收益与风险，融资方式应优先公司内部调剂资金，后考虑向外部机构融资，涉及合理的资本结构，仅可能降低融资成本。

担保议案审查要点

由公司董事会对公司为他人提供或者不提供担保进行决策，董事会必须对公司担保方案严格审议，认真履职。担保属于“三重一大”事项，应严格按照“三重一大”有关规定执行。

董事会根据企业内部控制指引，在公司提交担保议案时至少应当关注下列风险：对担保申请人的资信状况调查不深，审批不严或越权审批，可能导致企业担保决策失误或遭受欺诈；对被担保人出现财务困难或陷入困境等状况监控不力，应对措施不当，可能导致企业法律责任；担保过程中存在舞弊行为，可能导致经办审批等相关人员涉案货企业利益受损。

企业应当依法明确对外担保的审批权限，严格执行对外担保审议程序。未经董事会或股东会批准，公司不得对外提供担保。企业应当依法制定和完善担保业务政策及相关管理制度，明确担保的对象、范围、方式、条件、程序、担保限额和禁止担保等事项，规范调查评估、审核批准、担保执行等环节工作流程，按照政策、制度、流程办理担保业务，定期检查担保政策的执行情况和效果，切实方案担保业务风险。

企业应当对被担保人进行资信调查和风险评估，评估结果应出具书面报告。企业也可委托中介机构对担保业务进行资信调查和风险评估工作。企业对被担保人出现以下情形之一的，不得提供担保：

担保项目不符合国家法律法规和本企业担保政策的；

已进入重组、托管、兼并或破产清算程序的；

财务状况恶化、资不抵债、管理混乱、经营风险较大的；

与其他企业存在较大经济纠纷，面临法律诉讼且可能承担较大赔偿责任的；

与本企业已经发生过担保纠纷且仍未妥善解决的，或不能及时足额缴纳担保费用的。

公司对外担保应当要求对方提供反担保，谨慎判断反担保提供方的实际担保能力和反担保可执行性，严格控制担保风险；企业应当采取合法有效的措施加强对子公司担保业务的统一监控。企业内设机构未经授权不得办理担保业务；企业为关联方提供担保的，与关联方存在经济利益或近亲属关系的有关人员在评估和审批环节应当回避；对境外企业进行担保的，应当遵守外汇管理规定，并关注被担保人所在国家的政治、经济、法律等因素。

证监会规定，上市公司对外担保必须经董事会或股东大会审议；上市公司的《公司章程》应当明确股东大会、董事会审批对外担保的权限及违反审批权限、审议程序的责任追究制度；

专职董事、外部董事要关注企业对外担保是否遵循合法、审慎、互利、安全的原则，严格控制担保风险。要严格控制担保范围，原则上不允许向个人提供担保，原则上也不可向非控股企业或无产权关系企业提供担保；如确需要，则可要求对方提供反担保等。董事会应当在审议对外担保议案前充分调查被担保人的经营和资信情况，认真审议分析被担保人的财务状况、营运状况、行业前景和信用情况，依法审慎做出决定。必要时，公司可以聘请外部专业机构对担保进行风险评估，作为董事会或股东大会进行决策的依据。

专职董事、外部董事在审议公司担保方案时，应严格遵守《担保法》，对于资金投向不符合国家法律法规或国家产业政策，最近三年存有财务会计文件虚假记载或提供虚假材料，曾提供过担保但发生过借款逾期拖欠利息等或者经营状况已经恶化、信誉不良、资不抵债、经营风险较大且无改善迹象，已进入重组托管兼并或破产清算程序，存在较大经济纠纷，面临法律诉讼且可能承担较大赔偿责任的，公司都不应当提供担保。

专职董事、外部董事审议担保议案重点关注以下事项：

通过财务审计报告关注被担保企业最近会计年度、最新会计期间财务状况；担保事项的基本内容，担保项目背景、原因、被担保方基本情况、被担保方资金使用和还款计划、担保额度期限方式、被担保方资信材料、担保合同主合同与担保合同等。

专职董事、外部董事还应关注，对担保可能涉及的抵押与质押事项，尤其需要关注抵押、质押物与被担保主债权金额关系，抵押、质押物的所有权属，可以抵押的资产范围以及法律不允许抵押的资产范围和权利质押范围。

学习笔记：参加2011年第三期国有企业总会计师岗位培训班心得

2011年5月10日至6月1日，我参加了国资委干部教育培训中心与北京国家会计学院在北京国家会计学院联合举办的2011年第三期国有企业总会计师岗位培训班。

此次培训班课程设计注重前沿理论与企业管理实务相结合，通过国家统计局、中国人民银行、北京国家会计学院、清华大学、中央财经大学、武钢集团、中弘集团等知名学府教授和有关企业负责人的讲授，让学员了解了当前国家宏观经济层面的形势，拓宽了学员对企业在经营管理实战中所面临问题的解决思路和方法，管理理论深入浅出，案例分析形象生动，通过二十多天的学习，提升了自己对国有大型企业集团进一步加强战略管理，实现规范化运作重要性和迫切性的认识。虽然此次培训班针对的主要是国有大型企业的总会计师和财务管理人员，我作为专职董事参加此次培训非常及时和必要，受益匪浅，现将参加此次培训学习的心得和体会总结如下：

一、对进一步加强企业战略管理的认识

此期培训班特邀国家统计局张仲梁司长解读当前国家宏观经济形势，邀请中国人民银行穆争社处长分析国际金融形势对中国经济的影响。从专家对当前形势的剖析不难看出，当前宏观经济和金融形势复杂多变，存在诸多的不确定性，宏观经济的不确定性对企业生存和发展的影响是多方面的，因此作为大型国有企业如何认清当前经济形势，主动谋划并准确定位，识别并有效控制风险，对企业的生存和发展至关重要。因此，企业应把战略管理放在突出的位置，认真研究国家的相关政策和国内外同行业的发展形势，制定适合企业的发展战略并根据形势的变化适时调整完善规划。目前，集团公司层面的战略管理相对是比较到位的，如此次日本福岛核危机发生以后，集团公司领导层高度重视，第一时间组织力量，认真分析研究并采取了一系列积极的应对措施，包括评估日本福岛核事故可能对集团核电发展的影响等，这些相应行动既得到国家相关部门的充分肯定和公众的认可，也是对战略调整的具体行动。但集团成员企业战略管理及与集团的战略契合度还应进一步提高，作为专职董事有责任通过成员企业董事会帮助相关成员企业进一步加强战略管理，实现企业集团的整体协同发展。于长滨教授结合《孙子兵法》与企业（谋略）战略分析了国内相关企业战略管理的成败案例，给我们很多启示。

二、对加强企业内控重要性和迫切性的认识

此次培训由北京国家会计学院郑洪涛教授对企业内部控制指引及评价进行了讲解，武钢集团谭丽丽同志结合本企业的管理经验和良好实践介绍了在内部控制和内部审计方面的操作实务。关于大型国有企业内控建设，继2008年5月22日，财政部会同证监会、审计署、银监会、保监会出台《企业内部控制基本规范》后，2010年4月15日又相继颁布了18项应用指引、《企业内部控制评价指引》和《企业内部控制审计指引》。以上规范及配套指引自2011年1月1日起在境内外同时上市的公司施行，自2012年1月1日起在上海证交所、深圳证交所主板上市公司施行；在此基础上，择机在中小板和创业板上市公司施行。鼓励非上市大中型企业提前执行。要求各上市公司及相关非上市大中型企业切实做好执行前的各项准备。

我理解这是全面提升上市公司和非上市大中型企业经营管理水平的重要举措，也是我国应对国际金融危机的重要制度安排。作为大型国有企业应按照所列时间表尽快建立健全企业的内部控制体系并成为行业中企业内部控制规范的典范。我认为在集团及各成员企业建立规范的内控体系就是建立全集团的“游戏规则”，如果大家都按规则行事集团管控事半功倍，我们应花更多的时间和精力去评价大家有无按规则去做？做得好怎样？做得不好怎样？这是企业管理的基础，集团要实现又好又快发展，我们复制的实际上是我们的管理系统，即我们的内部控制规范管理体系。否则，发展得越快，风险越大。因此，下一步拟在所任职企业董事会层面推动相关企业按照内控原则和配套指引的要求和时间表尽快建立本企业的《××内部控制基本规范》及相应评价办法，切实落实集团对相关成员企业的管控要求，有效防范企业经营和发展的风险。

三、开阔视野，提高履职能力

此次培训北京国家会计学院马永义教授、于长春教授分别就“会计准

则新变化及重点难点问题”“新准则和新税法差异协调及纳税调整”等财务管理问题进行了分析和解读，中央财经大学刘俊勇教授、刘玉平教授分别讲授了“平衡计分卡的应用与绩效管理”“企业重组与资产评估”，华北电力大学王志成博士讲授了“基于战略的全面预算管理设计与实施”。中弘集团董事长郜卓讲授了“投融资管理与风险控制”。这些知识对我的工作极具有指导性，随着国资委对央企规范董事会运作的逐步推行和集团“做实”董事会的不断实践，对专职董事的要求不断提高，因此加强培训和不断自我学习是拓宽专职董事知识面和完善知识结构的有效途径，否则无从在成员企业董事会中的很好地发挥经营决策的角色，二十多天的培训只能在集团财务管理与财务控制、财务绩效与经营分析评价、以及集团资金管理、报表分析、现金流管理、业绩评价、财务控制、财务舞弊、投融资管理与风险控制等方面建立些概念及基本的工具和方法应用，更多的知识应在今后的工作和实践中不断地学习，也希望今后有更多的机会参加类似的培训，不断提高作为专职董事的履职能力。

此次培训虽然时间较短，但由于国资委干部教育培训中心与北京国家会计学院的精心组织，无论是课程内容设计，还是业余文体活动的组织，以及学员的生活安排都井然有序，让学员们在紧张快乐的学习之余，加强了沟通，建立了友谊，身心得到比较好的放松。我将以此次培训为新的起点，在今后的工作中加强对宏观经济和企业管理知识的学习，不断丰富自己的知识结构，提高专职董事履职能力，为集团有效管控及促进相关成员企业的又好又快发展贡献自己的智慧和力量。

第 9 章

业绩考核议案

绩效考核是董事会争议比较激烈的议案，问题的焦点是股东或者董事会认为下达的指标是恰当的，即按照“跳起来够得着”来设定考核目标，通过努力可以实现甚至超额完成目标，经营层则认为下达的目标根本不可能完成，最终通过反复协商沟通，达成双方认同的业绩考核目标，但实际经营过程中，因外部条件发生重大变化，需要对既定的考核目标进行适当调整。董事会审议企业考核目标值重点关注以下内容：

根据“同一行业、同一尺度”原则，采用“对标”是比较客观公正的办法，行业的平均水平和佼佼者提供了很好的参考，要树立企业的标杆；

年度经营业绩考核中利润总额指标和 EVA 经济增加值指标的基准值均是指上年实际完成数作为对标，国有企业强调保值增值也是这个目的，防止企业出现倒退；

任期经营业绩考核中，国有资本保值增值率指标和主营业务收入平均增长率指标的基准值均采用前一任期实际完成值和前一任期目标值与实际完成值平均值中的较低值，防止后任坐享前任其成。

“对标”的好处可以促使企业和自己比，经营层和前任比，和同行比。

考核是手段，不是目的，考核的真正目的是让考核与战略规划有机衔接，引导企业提升核心竞争能力和可持续发展能力，董事会将年度考核与任期考核相结合，是避免企业经营层的短期行为。但从考核现状来看，还是偏重短期激励，中长期激励和约束制度有待健全，考核方式与现代企业制度改革要求不衔接，对考核结果运用还存在不足。

中广核通过制定 PBA（计划、预算、考核）体系实施对成员企业的业绩考核，即对成员公司年度和三年任期经营业绩考核方案的制订、跟踪、评价等一系列管理提出要求。明确了管理原则、责任分工，对各项考核的框架内容、目标核定、过程跟踪、中期评估以及结果评价等制定了具体的办法。每年通过股东下达 PBA 到各成员企业。

PBA 现阶段主要通过成员企业董事会审议，由股东审批此类议案。董事会参与了 PBA 方案的制订，在定期董事会上各公司定期通报年度 PBA 执行进展，董事会对进展缓慢或滞后的指标，提出关注及建议。每年年中如出现内外部形势重大变化，导致年度 PBA 目标有可能完不成，成员公司经过研究提出中期目标调整申请，经董事会审议报股东审批，股东同意方可调整。

考核指标制定的是否科学合理可以按照 SMART 原则来衡量（S＝Specific，M＝Measurable，A＝Attainable，R＝Relevant，T＝Time-bound）。通过平衡计分卡来衡量诸多方面的发展指标，不仅是财务要素，还应包括客户、业务流程、学习与成长，各项权重是否恰当？企业发展是个动态的过程，加强对企业全方位的考核，进一步落实考核的真正目的。

平衡计分卡作为企业管理的有效工具之一，克服财务评估方法的短期行为，使整个组织行动目标一致，服务于战略目标；能有效地将组织的战略规划转化为组织各层的绩效指标和行动；有效帮助了各级员工对组织目标和战略的沟通和理解；有助于组织和员工的学习成长和核心能力的培养；有助于实现组织长远发展；通过实施组织绩效考核目标，有效提高组织整体管理水平。

但应注意平衡计分卡也有其局限性，它不适用于战略制定。运用这一方法的前提是，企业应当已经确立了一致认同的战略。它并非是流程改进的方法。类似于体育运动计分卡，平衡计分卡并不告诉你如何去做，它只是以定量的方式告诉你做得怎样。平衡计分卡在业绩考核层面运用时，我们需要获得以下突破：平衡计分卡是对传统绩效评价方法的一种突破，平衡计分卡实施难度大、指标体系的建立较困难、指标数量过多、各指标权重的分配比较困难、部分指标的量化工作难以落实、实施成本大。

第10章 组织机构议案

我们常听到这样的抱怨，“人和活越来越多，干活的人越来越少，效率越来越低”。如果不找到问题的症结，三个和尚的故事就一直在上演，简单增设机构和人员往往事与愿违，非但不能解决问题，反而导致机构不断庞大，人员冗杂，决策链条过长，决策效率低下，导致官僚主义和兵僚主义盛行。没错！我们在研究如何诊治“大企业病”的同时，似乎忘了这些“巨婴”难道不是我们亲手缔造的吗？没有一个企业老板不希望用最少的人尽最大可能干更多的事！

董事会审议组织机构议案，我们首先要问这几个问题，根据我们的战略，我们需要设置怎样的机构？我们设置的机构都有哪些功能？我们需要配置多少人以及配置什么样的人？有无制定与组织机构配套相应的激励约束机制？这些问题回答清楚了，组织机构方案基本也有数了，一份完整的组织机构议案也即俗称的“三定方案”，应该包括确定的组织机构框架、确定的组织机构职责、确定的组织机构人员编制。战略决定结构，组织架构是根据战略来制定的，有了清晰的组织架构和部门设置，部门的职责和岗位职责是可以讨论清楚的，公司对所有岗位做出价值评估和员工职业发展规划，依据岗位职责要求可以确定需要多少人和什么样的人来完成任务，公司总的人力资源成本也就清楚了。

审查组织结构议案首先要考虑的大原则是：企业生产性质及管理业务需要、组织结构与企业发展战略的关系、管理者期待实现的管理目标。组织及结构设计的一些考虑包括，由企业产品生产性质决定的基本管理职能及其相互之间的业务联系必须满足产品生产和经营管理业务的需要。即职能部门及其职能设置整体完整、业务关系清晰、合理。

管理资源与组织结构需求关系匹配。即充分考虑管理资源的分配能够满足组织机构有效运营的需要。因为，在一定时间内，企业管理资源总是有限的；在既定管理资源条件下，组织结构与管理幅度的关系——横向关系——适当，所有管理资源能够满足“最大”管理幅度的要求。当然这个“最大”是一个弹性概念，需要根据具体情况定义。

管理层次——纵向关系——既要满足管理运营的刚性需要，也要满足对管理时效性的要求——管理效率要求。随着管理层次的增多，管理效率下降，管理时效性变差，组织机构设置应尽可能扁平化。

经营层对企业管理的预期必须也只能通过管理组织实现，所以，经营层需要根据自己的管理预期和目标斟酌必要的管理职能需要。这样的需要，可能是职能设置可以解决的，也可能是需要设置职能部门专职管理的，但都是需要在设计组织结构时一并筹划。

在基本组织结构框架满足企业当前运营要求的前提下，适当考虑企业短期、中期、长期发展战略需要，并据此考虑是否需要设立与此相适应的职能部门，或者对新增职能与职能部门的计划预期。

组织结构设置切忌因人设岗或随意性增减岗位，朝令夕改必然让员工无所适从，导致有能力的人最终弃你而去。应按照企业发展规划制定前瞻性科学、合理的规划，对近期和远期的组织结构关系建立必要的联系，避免频繁的组织结构适应性调整带来的管理过渡期混乱。

董事会审批组织机构方案时，考虑的不仅仅是组织机构本身，还要关注设计企业组织结构时是否统筹考虑其与管理体系和管理支撑体系的关系，如配套的人力资源政策是否同步出台，激励和约束机制保证人员能进能出，干部能上能下，工资能升能降，做到岗变薪变，人员能进能出。只有这样组织机构才能“鲜活”起来，经营层一定要有这个觉悟：“非到万不得已，不随便增设一个职责不清的机构，不随便增加一个无用的人”。唯此，未来整体管理系统关系才可避免出现不衔接和不配合的问题。从基本职能需求着手构架组织结构骨干，依据近期和远期需求布局结构总体，普遍需求和特殊需求相结合完善结构关系，不同的企业组织创造不同的管理，不同的管理造就不同的企业。

面对企业全球化经营，传统的组织机构模式已难以满足要求，应根据企业国际化经营的特点，研究是集权还是分权管理？研究借力互联网及其他先进技术手段，满足全球化经营的需要，如组织体系运作扁平化必须依赖有效的通信信息系统做支撑，传统的职能管理依靠人，现在更多靠的是大数据和平台资源的共享，只有这样才可能做到职能围着业务转，业务围着现场转，实现前后台协同效应，实现精益化管理，融管控于服务。

第三篇

我亲历的中广核故事

第三篇主要是我在中广核亲历的几个故事，包括中广核服务集团有限公司（以下简称“核服集团”）转型发展、境外非核清洁能源和核燃料海外布局、防城港核电新项目开发以及中广核技混合所有制探索，这些故事只是中广核发展的一个缩影，虽然反映的是不同业务领域不同阶段的人和事，但这些故事的共同特点都可以用中广核“一次把事情做好”的文化来诠释，中广核人能做事、做成事靠的是秉承了“一次把事情做好”的核心价值观，靠的是有效的治理管控创造的价值，我们从这些企业的转型或创新发展中可以充分感受到中广核治理之道。

中广核的成功离不开国家的大力支持，改革开放的历史机遇，国家的优惠政策和各级政府的大力支持，这些都是重要因素，“安全第一、质量第一、追求卓越”是我们始终倡导的核安全文化，规范高效的公司董事会运作是引领中广核从大亚湾走到今天的根本，也必将引领中广核走向成为具有国际竞争力的世界一流企业的美好明天！

第 11 章

转型升级谋发展

2000 年 7 月我从中广核集团公司办公厅调至广东核电服务总公司经营发展部工作，任经营发展部经理。在核服集团工作的 6 年时间，见证并参与了从广东核电服务总公司（以下简称“核服总”）改制为核服集团的改革、发展历程，从一家与大亚湾核电站同时起步的传统的劳动密集型企业向具备现代服务业特征的企业转型升级。改革是艰难的，但在中广核集团的大力支持下，核服总领导班子率领全体员工，锐意进取，发奋拼搏，经过 5 年多时间的努力，基本改变了核服总的面貌，初步实现了革新变旧，开始转型升级之路。2011 年 3 月—2013 年 5 月中广核委派我担任核服集团专职董事，从专职董事的角度对核服集团如何加快转变增长方式，促进企业转型升级进行了一些研究和思考，提出了一些意见和建议，大部分的建议和意见得到了管理层的积极响应。

一、革新变旧

中广核服务集团有限公司，是中广核集团的全资子公司，前身为广东核电服务总公司，成立于 1985 年，与广东核电合营公司（大亚湾核电站项目业主）、广东核电投资公司（合营公司股东）三家公司共同建设大亚湾核电站。成立之初的主要任务是为大亚湾核电站提供系统可靠的行政后勤服务保障，30 多年来核服总伴随中广核发展而发展，为中广核改革、发展和稳定做出了巨大的贡献。目前核服集团注册资本 5.1 亿元人民币，总资产逾 20 亿元，公司员工近 5 000 人。作为一家与大亚湾核电站同时间起步的劳动密集型企业，要适应中广核事业发展的新要求，要按照现代服务业要求转型升级谈何容易。

2000 年 6 月中国广东核电集团公司总部进行机构改革，集团总部机构改革的同时关心核服总的发展，因为核服总经过这么多年的发展需要一个新的跨越、新的发展。集团公司派时任办公厅主任游雁凌到核服总任副总经理（2001 年 9 月改任总经理），办公厅部分人员调到核服总工作，我也是其中之一。同时集团公司通过划拨相关资产到核服总进行资产重组，在充实核服总干部力量的同时，核服总的资产规模和实力得到进一步加强。我在去核服总之前，虽与核服总有过接触，但了解是表面的，到核服总工作，第一个感觉就是核服总与主业的管理相比，差距还是蛮大的。

这样一个传统的劳动密集型企业转型升级的难度是可想而知的。首先是认识和思想要统一，同步要开展的工作很多。由于核服总当时的基础很弱，记得当时启动的第一项新的工作就是加强和完善基础设施建设，包括当时办公环境的改善，企业要树立形象，信息化建设要跟上，委托外面开发了一些系统和软件。

2000 年 10 月就启动了核服总五年战略发展与规划编制工作，这是核服总历史上首版五年发展规划，都是在那个阶段提出和完成的。经营发展部当时承接的主要任务之一就是战略规划的编制、经营绩效考核和新业务拓展，经营发展部当时就六七个人，大家虽然干得很辛苦，看到核服总正在发生变化，尤其是员工的精神面貌发生改变，还是很有成就感。

我们与财务部的同事一起把核服总的家底盘了盘，发现现状不太乐观，可经营资产不多，不良资产及沉淀的资产不少。刚去核服总的头两年主要精力与财务部协同开展了不良资产的盘活工作，处置了一批不良资产，盘活了一些沉淀资产，核服总的经营出现了历史性好转。

核服总成立是按照全民所有制性质注册的，按照当时中央企业工委要求，中央企业工委管的企业含下属企业要逐步进行公司制转换，我们查了查广东省工商局的有关规定，注册资本在 5 000 万以上，下面有 5 家成员公司的企业可以申请成立集团公司。结合五年发展规划，核服总向集团申请要求改制并更名为广东大亚湾核电服务（集团）有限公司，经集团批准，同意核服总成立广东大亚湾核电服务（集团）有限公司，股东有两个，一个是集团公司，另一个是集团的能之汇。现已再次更名为中广核服务集团有限公司。这个改制很有意义，这不是简单的名称变更，而是真正按照法人治理结构，规范董事会运作，按照现代企业制度的要求来改革和发展，把服务作为一个产业来做，希望通过改制更名的契机，将核服集团作为集团的一个新产业。目前，核服集团是集团成员企业唯一一个叫“集团”的公司。

成立集团是2001年的11月，核服集团在银湖搞了一个成立大会，中广核时任董事长昝云龙亲自到会讲话，勉励核服集团利用改制的契机，积极谋划将核服集团作为一个产业发展壮大，集团领导对核服集团的发展始终是关心和支持的。当时改制更名过程中也有不同的意见，有的领导说不叫集团你们现在不是也一样做吗？名称上你们一定要叫集团吗？成立集团并不是为了好听，而是表明核服集团下定决心把服务真正作为产业来发展。成立核服集团，经营发展部承接五年规划具体编制任务，当时的资产规模比较小，包括集团有一部分资产划转到核服集团，整个资产盘子也就三四个亿，当时的盈利水平也非常低。有领导甚至笑称核服集团的投资回报率比存银行的利息还低。我觉得一方面领导希望你不断提高资产回报率，完全正确。另一方面核服提供的服务价值也不能简单从财务报表上去看，而是反映在主业成本的不断降低。2001年启动规划这件事在集团范围内算比较早的，核服集团为了制定好规划，上下都做了充分准备，我们通过从上到下的访谈，开了多少次研讨会，还请了“外脑”百思特咨询管理公司共同参与战略规划的制定工作，跨度是2001年到2005年的五年规划，到2006年我们再回顾过去五年制定的发展目标时，惊喜地发现各项先前预期规划发展目标，竟全面实现超越，规划的指导和引领作用非常显著。回想做五年规划的过程也是个痛苦的过程，我们与百思特咨询公司一起进行SWOT分析研讨，上下互动，反复修改，最难的是思想和认识的统一问题，有些长期形成的一些传统思维已经固化，很难改变，形成共识的过程非常辛苦。只有思想统一，上下才能协同，步调才能一致，规划在实施中又不断进行了跟踪、评估和滚动修订。这一版五年规划得到当时集团的高度评价，认为核服集团真正是在朝着产业化方向发展。

核服集团按照专业化发展的思路也是通过这五年规划的制定和执行慢慢产生的。按照五年规划的目标，其中信息化建设作为基础设施建设中的一项工作，核服集团的信息化走的也算比较早。在成员企业中算较早实现无纸化办公，在集团 SAP 及 OA 办公系统统一管理以后，核服集团就停用了该系统。核服集团实施专业化管理从那个时候开始，成立集团的目的就是将这些分散的资源进行有效的整合，当时集团公司工程、运营已经在走专业化道路了，我们觉得作为集团的一个成员企业，核服集团也应该走专业化道路，我们就以交通运输中心为主，把核服所有的车辆集中起来，后来是整个中广核集团的车辆集中起来，成立专业化的交通运输公司叫环通运输公司，实施交通运输专业化运营。园林、餐饮后续陆续成立起来，走得比较早的是环通，园林，后来陆陆续续好几家都成立了专业化公司，当然成立专业化公司最重要的一件事情就是你要建立各类技术规范和技术标准（见图 4）。这件事经营发展部也把这项工作兼起来做了，积极推动技术规范标准的建立也非易事，因为大家都没有成本意识，盈利模式习惯

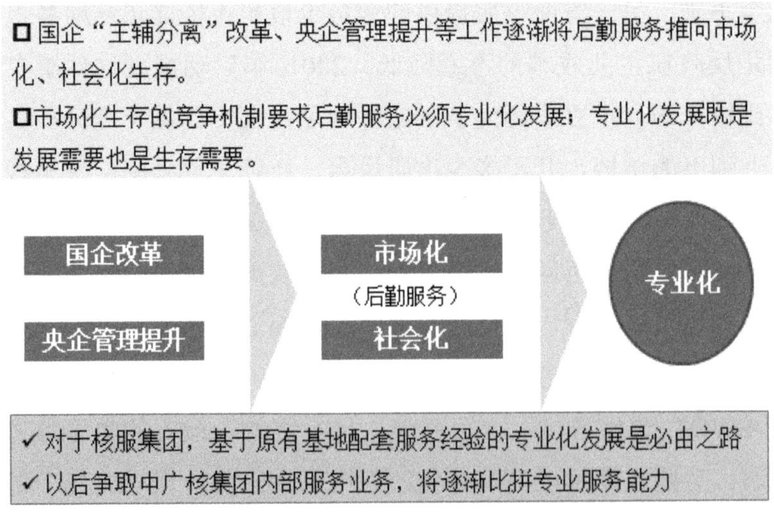

图 4　国企改革、央企管理提升催生后勤集团专业化

了成本加提成的长期惯性。导致大家普遍感到核服集团提供服务不错，但服务成本偏高，所以，把核服集团提供的所有服务的各类技术规范、技术标准和价格与市场对标显得尤为重要，相应的定价机制列出来，服务有标准，价格有参考。

在编制规划的同时就是要开展市场对标，法国索迪斯（Sodexo）进入了我们的视野，法国索迪斯（Sodexo）集团是一家餐饮旅游服务业的跨国企业，1966 年在法国马赛成立，2012 年营业额为 182.36 亿欧元，全球拥有员工 30.8 万人，在 76 个国家中拥有 23 900 个分支企业，核服集团提供的服务与索迪斯十分相似，索迪斯（Sodexo）居然可以做到世界五百强？核服集团为何不可以做强做大？世界上并没有伟大的行业，但是一定有伟大的企业，索迪斯（Sodexo）就是了不起的企业。核服集团做的后勤服务与之差不多，索迪斯却可以做到世界五百强，靠的就是坚持不懈地专业化管理，精益化管理，无论是对标，还是我们内部加强管理需要，我们就觉得迫切需要把服务公司的各类服务规范标准核价格体系尽快建立起来。专业化管理是中广核集团的特色，也应该成为核服集团的特色。

二、开疆拓土

按照核服集团当年制定的五年战略规划，经营发展部承接的另一项重要任务就是积极拓展外部市场。我在核服集团的 6 年工作中，有一段工作经历非常难忘，2001—2003 年我与同事一起参与了惠州中海壳牌前期工程服务项目的策划、开发到公司组建经营，直至后来股权转让全过程。一个很偶然的机会，我们听到了惠州正在筹建中海壳牌石化项目，需要外包商提供全方位前期服务。

事情的由来是这样，时任国家计委主任曾培炎到广东来视察两个项目，一个是大亚湾核电站，一个是惠州的壳牌项目。中海壳牌是中国海洋石油总公司与荷兰皇家壳牌集团、广东广业投资集团共同投资国内最大的中外合资石化项目，主要生产基础化工原料供应中国市场，一期工程总投资 43.5 亿美元，后来扩建了二期工程。曾培炎主任先到的大亚湾核电站，核电方面汇报的时间比原计划长了，把惠州的时间就挤占了，惠州市领导只好赶到大亚湾核电站向曾培炎主任汇报。惠州市领导在离开大亚湾的时候，被大亚湾核电站美丽的环境吸引了，对完善的服务体系更是赞叹不已，就问了时任集团副总经理濮继龙，这些环境和服务的提供商是谁？可否帮忙把大亚湾的优美环境和服务“拷贝”到惠州壳牌项目上？濮总就不失时机地推荐了核服总。第二天一清早，濮总就给我打电话，告诉我有这么个商机，告诉我他极力推荐了核服总，你们愿不愿意试试。

我觉得这样的机会岂容错失，立即向时任副总经理的游雁凌做了汇报，核服总经过研究做出决定，抓住这个机遇，由游雁凌牵头成立工作小组积极跟进，启动了惠州项目的开发历程，自 2001 年的 2 月开始，我们就一趟一趟往惠州跑，当时惠州政府也很热情，因为书记市长提出来希望把大亚湾的模式复制到壳牌去，结果就指定政府梁副秘书长，核电这边指定我作为联络人保持联络，那段时间我跑惠州跑的比较多，跑了一段时间后梁秘书长告诉我，你现在找我还早了点，你应该到北京去找中海壳牌，他们现集中在北京，只有等项目开工前差不多的时候，他们才会往现场搬迁，到时你再来惠州我们一起商议。从那时起，我们主攻北京，2001 年 9 月游雁凌担任核服集团总经理，他虽然工作非常忙，但高度重视此项目，亲自带队到北京见中海壳牌的领导，我先后跑了十几趟北京，积极推荐中广核和核服集团，与中海壳牌高层沟通研究前期工程服务项目方案。

中海壳牌采用 PMC 工程管理模式（见图 5），工程管理公司为 BSF（Bechtel、Sinopec engineering co.，ltd、Fosterwheeler 三家联合成立的公司），让我没想到的是在这里竟然有幸碰到了在大亚湾曾一起共事的同事，jerry Houchen，他曾任大亚湾核电站工程部经理，Kelly pulito，他曾在大亚湾核电站工程部负责投资控制，他们两位都是 Bechtel 的资深员工，当时被派在 BSF 供职，他们见到我也很高兴，他们在帮助我们熟悉项目情况等方面提供了极大的支持和帮助。

南海项目PMC是以美国柏克德公司为主，其执行模式基本是以国外模式为主进行，其组织设计充分考虑了目标原则、精干高效原则、系统原则、适合原则、管理跨度与层次合适原则和分工原则。

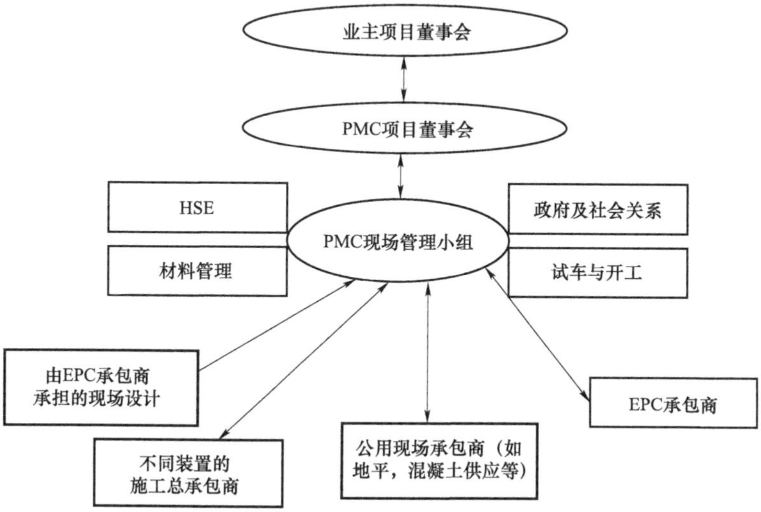

图 5　中海壳牌工程项目管理模式

综合服务对核服集团问题不是太大，语言成了“拦路虎”，中海壳牌是个国际化项目，所有的工作文件是英语，招投标文件都是英语，第一个标是 Pioneer Phase General Servics Contract（先遣阶段综合服务标）虽然我语言没问题，但是大量的标书制作怎么办，当时就想到了请求我们核电主业的支持，主业非常支持这个事，说你核服总走市场化，需要什么样的人我都支持，在核电与核服联队顽强的拼搏努力下，功夫不负有心人，投出的标书屡屡中标，我们终于敲开了中海壳牌的大门，从成功获得中海壳牌第一标，到后续不断收到中标通知，同志们付出艰辛努力的同时，也收获了成功的喜悦，中海壳牌项目业主 CSPC 和项目管理公司 BSF 前期主要的需求是提供前期工程服务和综合后勤服务。工程项目管理对核服集团是新的考验，Underground Temporay Utilities Contract（临时地下管网设施标）碰到的是资格审查问题，由核电主业与核服集团组成的联队以及中广核的支持，得到了 CSPC 和 BSF 的信任，核服集团最终通过了资格审查并中标得到了合同，这应该算是中广核较早的新项目开发了吧！惠桥公司员工加上派遣到 CSPC 和 BSF 人员约 140 余人，各类承包商包括中国核工业华兴建设有限公司、中国核工业二三建设有限公司及相关设备材料供应商 30 余家作为核服集团的分包商参与了工程建设和服务，无论是临时地下管网工程项目，还是提供的各类综合服务均得到项目业主中海壳牌和各参建单位的普遍认可，中海壳牌总裁新加坡职业经理人蓝仲恺先生（Sam Lan）对中广核赞不绝口，我们在中海壳牌为中广核赢得了声誉，树立了口碑和形象。

与项目推进同步的还有几条战线进展也顺利，另一条线是与地方政府谈判，成立与地方政府的合资公司，拿到项目开始运作要有个项目公司，2002 年 9 月 30 日核服集团与由惠州市政府出资的石化集团的合资公司——惠桥服务有限公司（以下简称“惠桥公司”）成立，注册资本 500 万人民币，核服集团占比 65%，石化集团占比 35%。惠桥公司成立了董事会，游雁凌兼任董事长，核服集团委派曹德明任董事、总经理，他负责全面工作，主抓工程项目管理。委派我任董事、副总经理，主要负责与 CSPC 和 BSF 接口，组织招投标及经营管理工作。

核服集团在惠州短短不到两年时间，取得了非常好的经济效益，不仅全部回收投资尚实现较大盈利。最重要的是通过参与外部市场竞争，参与国际竞标，培养了人才，积累了市场化经验，在创造经济效益的同时，赢得了中广核在当地社会良好的声誉。

惠桥公司的经营确实不错，前景也可期，很可惜在经营两年后却转让了我方的股权，两年后转让我方股权原因是多方面的。我仅从股东、董事会层面说一下导致退出的直接原因，前面提到石化集团是惠州市政府出资的企业，其股东是政府，惠桥公司有一项经营业务是汽车租赁服务，前期通过组织集团内部的车辆资源基本能满足租赁的需求，随着中海壳牌工程进展，人员不断增加，自有车辆已不能满足需要，只能通过银行贷款买车租赁的方式解决，即通过向银行申请贷款购买新的车辆，向中海壳牌业主 CSPC 和项目管理公司 BSF 提供车辆服务，惠桥公司董事会讨论贷款议案涉及股东担保，进行董事会表决时，石化集团委派的副董事长吴长林（吴是石化集团总经理兼石化区管委会副主任）、汪习清董事明确表态不同意贷款和股东担保，理由是石化集团的股东是政府，政府不能为企业担保，法律上是无效担保。

虽然根据公司章程以票决通过了此项议案，最终由核服集团单方面提供担保，即 65%股权的股东承担了 100%的责任，石化集团没有履行公司章程中股东和董事会对责任和义务的承诺，公司无法正常经营，加上其他方面的原因，最终核服集团被迫决定退出该项目。

经过多方比选，山东核电受让了核服集团的股权。2003 年 10 月 30 日核服集团与山东核电签署 65%股权转让协议，核服集团参与中海壳牌前期服务项目画上了一个句号。中海壳牌项目取得的成功值得总结，给我们的启示也值得反思。

从开拓市场角度，核服集团当时是憋着一股劲，要么不干，要干就一定干得漂亮，主业的同事不是始终觉得核服的成本高吗？有本事就到社会上参与市场竞争，如果能够得到市场的认可，那就有最好的说服力。实践表明核服集团的服务和价格得到了市场的认可，中海壳牌对服务的要求比较高，中海壳牌项目的报价也是比较高的，所以当时惠州项目取得了不错的经济效益和社会效益。这件事比较难忘，今天谈起惠桥很多当年参与其中的同事心情依然无法平静。

在核服集团这六年时间我觉得很充实，也有幸见证了核服集团的发展，当然核服集团的发展不是一帆风顺的，首先存在一个发展思想的统一，就拿惠桥项目来讲，到底要不要走出去？大家开始是犹豫不决的，有一种观点觉得核电内部的市场已经足够大了，我们做好内部服务就行了，但我始终认为应该还是要坚持走出去，两者是不矛盾的，在做好核电内部服务的前提下，应该积极参与市场竞争。做好核电服务是核服集团的根本职责所在，至少现在是这样定位的。但是在这个前提下，如果有资源，有能力，核服集团完全应该组织资源走出去，这样反过来对我们的发展是个极好的促进。

三、转型升级

2011 年到 2013 年中广核派我到核服集团做董事，因为离开核服有一段时间了，回来以后看看核服集团已经发生比较大的变化，经过几届领导的努力，在集团的支持关心下，现在核服集团发展得相当不错，作为专职董事，我主要就是通过加强与经营班子沟通，参加调研，将股东的一些要求通过董事会来落实，这两年做董事期间最主要给董事会及经营层提了“两个转变”和相关建议，“两个转变”得到董事会和经营层的高度认可。第一个转变是根据国家对大力发展现代服务业的要求，在这种大的背景下，第一个转变就是由生活性服务向生产性服务转变，记得我还在核服集团期间，集团有一次曾经介绍一家法国核电服务公司来跟核服集团交流，我们是认认真真地准备了，以为找到同行了，结果发现法国核电服务公司做的全是生产性服务，而我们现在做的这些行政后勤服务，在法国已经全部社会化了。用通俗的话讲是“鸡跟鸭对话”，谈不到一起去。这件事情对我们触动很大。核电集团是不是也可以做一些生产性服务，所以生产性服务的想法不是我当董事才想到，那个时候已经在思考，当然这里面看看哪些生产性服务核服集团有能力做，核服集团有没有这方面的人才和相应的资质，这需要与中广核运营事业部、工程事业部认真充分地交流沟通，核服集团做一些辅助性的生产性服务开始如何切入，也就是看看能不能在核电产业链上研究生产性服务的机会，很高兴看到核服集团现在正在逐步地介入，现在核服已经开始参与了调试、维修等业务，我觉得这些方向都挺好，因为既然叫核电服务集团，跟核电的产业还是要沾点边。

生活性服务向生产性服务转变，并不是说生活性服务就不要了，生活性服务不但要继续保留，还要不断提高。也就是第二个转变，即由传统生活服务向以互联网为特征的现代生活服务型转变。如核服集团可以利用电商平台实现集中采购和配送，现在核服集团海核淘平台做得不错，集团也在把核服集团作为行政物资采购平台打造，这方面我觉得很多想法正好结合起来，所以这两方面我觉得是核服集团转型升级的方向。电商已经到了白热化的地步，如果核服集团还停留在传统的方式去提供这种采购显然就不适应了，无法提供增值服务。我常听到核电主业对后勤服务的一些诟病，投入的精力成本很多，实际上他们支付的后勤成本确实不低，但核服集团得到的收益并不高，这就是问题，问题出在哪里？第一个就是核服集团的管理成本包括管理架构是不是大了一些，核服集团提出了个“863 改革方案”，架构要改革，要扁平化，不能最后很多东西成本全消耗在自己内部的环节上，这是一方面。第二个我们的管理手段是不是落后。比如我讲的用电商平台采购，大家现在买东西都在用京东、淘宝买，你还是打电话，配送也是自己而非第三方配送，这些成本要设法转嫁。我觉得这方面可以做一些预期，一个是市场化应该坚定不移地走出去，尤其集团已有多家上市公司，必须要市场化，这到时候不是股东来要求你，不是国资委或者集团公司来要求你了，而是股民来要求你。公众要求你关联交易必须满足公允性，所以市场化必须要坚持走下去，坚持高标准的对标，专业化应该还是要坚持不断地走下去，这个索迪斯（Sodexo）给我们已经树立了很好的榜样。

集团的快速发展为核服集团转型升级发展，转变增长方式提供了巨大潜在空间，创造了极为有利的条件和机遇。我提出“两个转变”的时机符合国家倡导的现代服务业发展的方向，符合集团发展对核服集团的要求。核服集团目前的产业结构还是以传统的生活类服务项目为主，与核电产业链的关联度不大，这与过去集团对核服集团的定位有关，通过参与调试和电厂维修等生产性服务，通过电商等手段提供优质的现代生活类服务，成为集团相关产业链中不可分割的环节或为集团的产业发展提供增值服务，核服集团应极力争取集团未来发展对核服集团参与生产性服务和建立现代服务业的新定位。与此同时，改造传统服务业是现代服务业的发展方向，通过电商平台搭建和现代服务业发展，实现核服集团商业模式创新。

核服集团通过发展生产性服务和改造传统服务业务的探索与实践，逐步建立生产性服务专业化公司及符合现代服务业特征的生活类专业化服务公司，成为集团产业链中不可分割的有机组成，在转变增长方式，促进转型升级中积极依靠科技手段创新、信息手段创新，不断优化核服集团的产业结构，提升专业化服务品牌和核心能力。在坚定不移推进“两个转变”的同时，要积极研究将一般性服务性业务或非核心业务适时通过外包管理的方式转移，优化和升级核服集团产业结构。

我对核服加快完善内控体系也提出了相关意见，不仅仅是国资委和集团的要求，也是核服集团自身管理的需要，核服集团的业务领域跨行业，跨地区，员工队伍较大，有一定的管理的幅度和复杂度。建立和完善内控规范体系，强化总部的管控非常必要。作为一个集团化运作的企业，总部必须统筹各类服务的技术规范、价格体系和合约管理，指导成员企业的经营和发展。总部必须建立集约化的公共支持平台并将平台的职能延伸到业务前段，使前段尽可能仅保留业务操作层面，做到前台标准化输出，后台专业化管理。总部必须将按照市场化原则进行资源有效的配置和优化组合，使资源价值最大化。总部必须建立可靠信赖的各类长期合作伙伴，使各专业化公司分散的外部资源得到合理的集中和规范。总部必须完善总部、基地分公司、专业化公司协同运作的权责分配和管理流程。建立和完善内控体系将有效地提升总部的管控能力和集团化运作的能力，有效控制核服集团的经营和发展风险。

核服集团这几年的经济增长方式主要还是靠内部市场，伴随着各核电基地发展而规模式增长，伴随着核电新基地的开发或新业务的投入，业务规模虽然不断扩大，但收入与成本同比增长，经营效益增长幅度较窄。经营的现状是客户认为购买服务的成本并不低，我们自己觉得忙了半天没挣几个钱，这几年核服集团的投入却在不断增加，员工队伍也在增长，营业收入同比在增长，利润同比却在下滑，究其根本原因是经济增长方式存在问题。

目前，核服集团主要是由专业化公司或分公司为集团内部市场提供各类服务，外部市场拓展有限，专业化公司或分公司的管理架构如仅提供内部市场服务，管理成本会相对高，应逐步通过拓展外部市场来分摊管理成本。这几年受通胀影响，原材料、人工成本不断攀升，核服集团是国有企业，执行集团的劳动人事政策，必须依法用工，人工成本随着员工基数的增长而增长。这些因素一定程度影响了核服集团的经济效益。这些问题只能通过科学发展来解决，通过转型升级，优化产业结构，通过提供附加值较高生产性服务和提供现代生活类服务业，将一般性传统服务性业务或非核心业务以外包管理的方式转移，由服务提供商逐渐转变成为服务集成管理提供商，由规模式增长向内生式增长转变。

第 12 章 国际化经营

2018 年 8 月，国务院办公厅转发国家发展改革委、商务部、人民银行、外交部《关于进一步引导和规范境外投资方向的指导意见》，部署加强对境外投资的宏观指导，引导和规范境外投资方向，推动境外投资持续合理有序健康发展。

当前国际国内环境正在发生深刻变化，我国企业开展境外投资既存在较好机遇，也面临诸多风险和挑战。要以供给侧结构性改革为主线，以"一带一路"建设为统领，进一步引导和规范企业境外投资方向（见图 6），

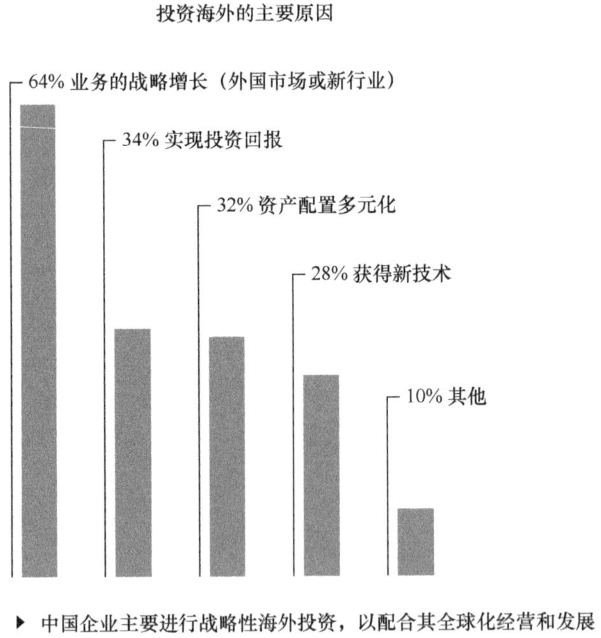

图 6　中国企业海外投资统计

促进企业合理有序开展境外投资活动，防范和应对境外投资风险，推动境外投资持续健康发展，实现与投资目的国互利共赢、共同发展。

国家鼓励开展的境外投资包括，一是重点推进有利于“一带一路”建设和周边基础设施互联互通的基础设施境外投资；二是稳步开展带动优势产能、优质装备和技术标准输出的境外投资；三是加强与境外高新技术和先进制造业企业的投资合作；四是在审慎评估经济效益的基础上稳妥参与境外能源资源勘探和开发；五是着力扩大农业对外合作；六是有序推进服务领域境外投资。

国家限制开展的境外投资包括，一是赴与我国未建交、发生战乱或者我国缔结的双、多边条约或协议规定需要限制的敏感国家和地区开展境外投资；二是房地产、酒店、影城、娱乐业、体育俱乐部等境外投资；三是在境外设立无具体实业项目的股权投资基金或投资平台；四是使用不符合投资目的国技术标准要求的落后生产设备开展境外投资；五是不符合投资目的国环保、能耗、安全标准的境外投资。

国家禁止开展的境外投资包括，一是涉及未经国家批准的军事工业核心技术和产品输出的境外投资；二是运用我国禁止出口的技术、工艺、产品的境外投资；三是赌博业、色情业等境外投资；四是我国缔结或参加的国际条约规定禁止的境外投资；五是其他危害或可能危害国家利益和国家安全的境外投资。

企业要制定境外投资管理制度，扎实推进相关工作，确保取得实效，对成员企业开展境外投资要实施分类指导，完善管理机制，提高服务水平，强化安全保障。

近年来，中国企业积极投身“一带一路”倡议所带来的历史性发展机遇，通过跨境并购实现快速规模化发展和全球化产业布局，其中成功案例比比皆是，但也不乏惨痛的经验教训。

2014 年 5 月—2017 年 9 月中广核派我任中广核铀业公司董事，2018 年 1 月起任中广核能源国际控股公司董事，我有机会接触到中广核的部分国际化业务，从董事会角度我参与了核燃料产业海外产业发展布局和境外非核清洁能源的跨境并购和海外经营业务，从董事会角度参与了一些项目的投资决策、调研和思考。董事会在审议跨境并购类议案，我常常会问以下五个基本问题。

一、跨境并购五问

第一问：人家为什么要卖？

董事会会议对跨境并购，首先要料及而清楚出售方的背景和动机，你汇报的项目既然这么好，我的第一问：人家为什么要卖？我们搞清楚真实的原因没有？我担心的是，尽职调查未必客观充分反映出真实的原因，项目这么好，人家凭啥把这便宜让你赚？

一定要搞清楚有关背景：对方是股权结构优化？引入战略投资者？市场饱和或技术落后淘汰导致退出？债务负担过重进行重组？资金短缺带来经营压力？作为财务投资者已实现投资预期收益股权出让？还是其他什么原因？

只有掌握了该标的股东出售的真正原因，且该原因与我方的战略和优势不冲突，才不至为未来的长远发展留下隐患；否则，我方接手后很难保证不会以同样的理由短期内再次转让。掌握真实原因确实不易，但非常重要。除了充分的尽职调查以外，尚需要依据广泛的收集包括当地政府、驻外使领馆、境内外同行业及标的公司竞争对手等方面的信息做出准确的分析和研判。

第二问：我们究竟买什么？

我方开展跨境并购实现资产规模和效益稳步增长，一定是以我方的战略为导向，因此，并购的标的增量资产必须具备相应的特点和要求。董事会上我的第二问会是：我们买的标的是资产？是管理团队？是核心技术和发展潜力？是未来市场份额？这个问题的核心是，此并购行为与我们的战略导向是否相符？与我们的核心能力是否匹配？

就资产属性及现状通过聘请中介做的尽职调查是比较清楚的；相对而言，对管理团队、核心技术、知识产权、能力等无形资产是需要时间了解的，而这些资产属性甚至比有形资产更为重要。我方并购项目外部竞标往往有时限要求，提交董事会及内部决策时间仓促，信息很难做到完全对称。但无论如何，我们必须想清楚是长期持有还是短期投资套现？长期持有与我们的产业发展和战略布局是否吻合？跨境运营我们的能力够不够？高溢价并购条件下，短期投资有无获利空间？如果能更多思考有形资产本身以外的东西，在遏制投资冲动和考核压力的前提下，有助于做出理智的选择。

第三问：我们买得值不值？

在得到以上两个问题肯定的回答后，接下来的第三问就是：并购的标的是否物有所值？包括标的所在国的国家政局、经济状况、所在行业状况、劳资政策、对标的有什么样的直接或潜在影响？例，汇率巨幅波动、货币管制、劳动用工等。是否选择到了真正专业的技术、法律、财税、行业市场等尽职调查顾问？尽职调查的发现及其关联性是否得到了准确的评估？并购标的模型假设和最终估值是否合理？我方的并购对价是多少？道理很简单，我们自己买东西都会关注性价比，何况跨境并购的大笔交易。国内企业一般会按照投资国别设定了不同的股本金回报率 IRR 等指标要求，标的估值溢价往往考虑了标的股东的投资收益、标的目前的盈利水平和未来预期的收益，其中有合理因素，也有不确定因素。

最终交易合同或协议的谈判同样至关重要，不仅仅是关注价格，合同条款的约定同样甚至更加重要，要通过谈判将超出市场对标水平及部分未来不确定性的因素，尽可能去除或降低，最终使标的项目 EBITDA、EVA、P/B 等估值指标处于合理水平。在满足股东对收益率要求前提下，提出有市场竞争力的并购报价区间，让我方做出明智的选择。

第四问：买卖的细节如何？

第四问是指交割前的竞标策划和并购整合方案如何？这涉及并购的交易结构设计以及与 SPA 协议有关安排，包括并购方式是并购资产还是并购股权？支付方式？是现金还是股权互换？是离岸、境内还是设立境外 SPV？企业的法律组织形式、内控方式、董事会席位及表决机制、融资结构、风险分配和控制、退出机制等都是需要回答的细节。

为提升并购收益率，并购项目大多数通过发债融资进一步发挥杠杆效应。这也是双刃剑：一方面减少了资本金投入的风险；另一方面，对利率、汇率波动较大的东道国，需要建立相应的利率、汇率对冲机制降低风险（见图 7）。

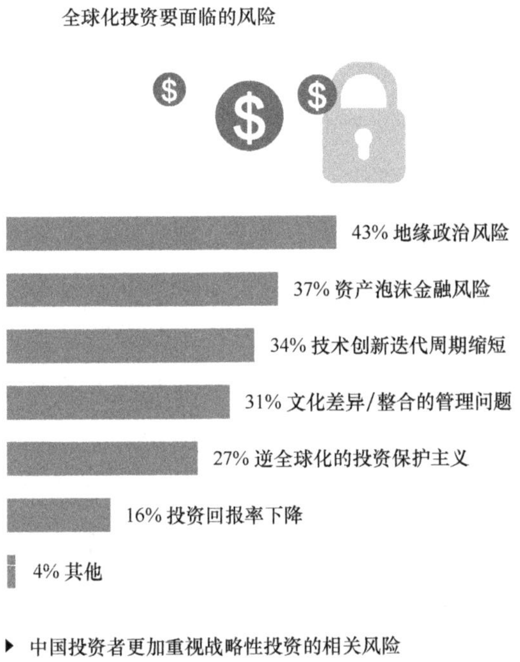

图 7　中国企业海外投资风险类别

此外，企业的跨境并购要关注我国与东道国之间有无双边和多边投资协定，投资活动毕竟对促进东道国的经济有利，要充分借力双边和多边的政策便利。要关注东道国对外国投资者审查的法律法规等。

最后，从项目的全过程管理一定要有上市、股权转让、股权回购等退出机制的约定和安排。

总之，一份好的交易结构应该满足交易各方目的；平衡各方风险和收益；简单透明，尽可能少的条款涵盖所有可能发生的情况并适用交易各方；适应东道国的法律和税收环境；提供灵活的退出方式。

第五问：买完后怎么整合？

这是最后一个问题，也是判断并购是否成功的关键问题。董事会议案中这部分内容往往轻描淡写，跨境并购团队想的是先拿到这个项目再说，其实这需要一个企业从上到下协同思考、协同努力实现的目标。从并购一开始就想到以后怎么管，包括外派经营层的储备、制度和授权安排、企业既有优势与本土化优势的融合和协同、充分信任与顺畅沟通的建立、融管控于服务的统一等。

因此，并购伊始就要制定并购后的对接方案，特别需要关注的是，方案不是将我们的品牌、标识和管理制度简单地复制，而是要充分尊重和借鉴标的公司现有的优秀管理团队和管理经验。很多企业并购做得很好，但整合过程中标的公司的管理团队和经验没有得到重视，导致并购以失败告终。

以上只是董事会对跨境并购投资申请审查中须关注的几个基本问题，回答好这几个基本问题，重大的投资风险可以基本锁定。但是，跨境并购毕竟涉及东道国的政治、经济、市场和环境，相比国内投资并购要复杂得多，应该多维度多视角地进行审视。

2014 年 10 月，中国铁建赢得墨西哥政府招标的 37 亿美元高铁合同。但这一交易几天后被墨西哥政府取消，理由是招标过程过于仓促且没有其他竞标方。几个月后，墨西哥政府以油价暴跌导致政府财政困难为由宣布无限期推迟该项目。2015 年 1 月，中国企业又在希腊遭遇挫折。新上台的激进左翼联盟党叫停了 9.5 亿美元的港口私有化项目，理由是战略基础设施应该掌握在政府手里。而中远集团已经进入了该项目的最后竞标阶段。

董事会、股东会做出投资决策，标的项目完成交割后，相应的监督和报告体系也要跟上，以满足各级监管机构对境外投资事中监管的要求。此外，对跨境并购要建立投资后评价，做到事前、事中和事后闭环管理。

二、海外布局

中广核铀业公司成立于 2006 年 8 月 15 日，承担中广核所属核电站全寿期核燃料供应与技术服务任务，是专业化的核燃料供应保障平台。因此，中广核核燃料的主要任务是做好铀资源的市场开发包括海外战略布局，延伸核燃料全产业链发展，为中广核核电发展和国家核电发展提供安全、经济、可靠的核燃料支持保障和服务。

铀资源作为大宗商品，价格随市场而波动，但在核电的度电成本中，核燃料循环价格所占的比例较低，核电的发电成本较不易受到国际经济情势影响，故发电成本与其他发电方式比相对稳定。

按照“十三五”国家中长期核电发展规划目标，到 2020 年，中国大陆运行核电装机容量将达到 5 800 万千瓦、在建 3 000 万千瓦，已投产的核电装机容量约 2 800 万千瓦。据此粗略估算，到 2020 年，新投产首炉燃料的市场将达 60 亿美元。另外，每年使用的核燃料规模还有 112 亿元（见图 8）。如加上海外出口的核电机组，这一金额还将大大增加。为配合核电的发展，中广核核燃料业务实施全球化布局，2008 年，国务院批准

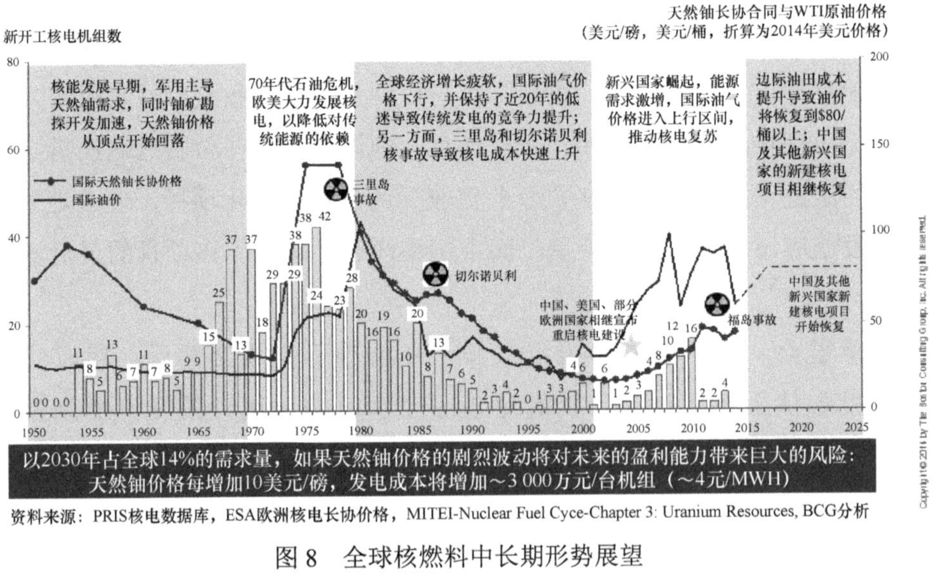

资料来源：PRIS核电数据库，ESA欧洲核电长协价格，MITEI-Nuclear Fuel Cyce-Chapter 3: Uranium Resources, BCG分析

图 8　全球核燃料中长期形势展望

授予中广核铀业公司核燃料进出口专营资质，为中广核海外核燃料布局发放了通行证。

中广核从海外铀资源入手，开始为进入核燃料市场做准备。在核燃料前端的铀矿资源方面，从公司成立伊始，中广核就与哈萨克斯坦国家原子能工业公司（下称哈原工）在铀资源开发、天然铀贸易方面开展了合作。哈萨克斯坦与我国接壤，政治外交关系友好，交通便利，铀矿资源丰富，天然铀年产量连续多年居全球第一位。

2008 年 12 月，中广核铀业公司和哈萨克斯坦国家原子能工业公司（以下简称“哈原工”），合资成立了谢米兹拜伊铀有限责任合伙企业，联合开发哈境内伊尔科利、谢米兹拜伊两铀矿。谢米兹拜伊铀有限责任合伙企业是我国第一个在海外投资开采运营的铀矿项目，两矿已于 2012 年实现达产。在此基础上，中广核与哈原工不断加大合作的深度和广度。

2014 年和 2015 年，在两国总理的两次见证下，中广核与哈原工签署了扩大和深化核能领域合作的框架协议和商业协议，进一步加深双方在铀资源领域合作，并建设中哈核燃料组件厂项目。2016 年 12 月，中哈核燃料组件厂在哈萨克斯坦总统纳扎尔巴耶夫的见证下正式开工建设。

至此，中广核铀业公司已与哈萨克斯坦方面建立了从天然铀贸易、铀资源开发，到核燃料芯块、核燃料组件加工等四个方面的合作关系，双方合作逐步深化和推进，逐渐从低端的进出口贸易发展到高精尖的组件加工领域，成为中哈两国合作的重要内容。

在海外积极开发铀矿资源的步伐一直在进展中，在非洲、澳大利亚多地积极投资开发铀矿。湖山铀矿位于非洲纳米比亚共和国的纳米布沙漠地区，为近十年来非洲乃至世界铀资源勘查领域的重大发现之一，其铀资源储量位列世界第三。2013 年 4 月，湖山铀矿启动矿建工作。2016 年 12 月 31 日，湖山铀矿产出第一桶铀。2017 年 2 月 23 日，中广核斯科公司收到纳米比亚总统根哥布通过中国外交部转来的贺信，祝贺湖山铀矿产出第一桶铀。根哥布在贺信中说：“纳米比亚每年的经济总量不到 100 亿美元，而湖山项目投资巨大，给我们国家带来的就业、税收、技能提升的贡献是显而易见的。我们欢迎这样的投资者。”湖山矿坚持“合作共赢、共同建设”的方针，成本、进度控制良好，成功开创了投资、建设和经营的“湖山模式”。结合纳米比亚工业基础薄弱、所需技能不足的实际，中广核一方面合理调配来自中国国内及国际上的资源参与建设，引入了中国建筑集团有限公司、中国电力建设集团有限公司、中国核工业建设股份有限公司、中国冶金科工集团有限公司、中国兵器工业集团有限公司等五家中国企业参与矿建，并全力支持国内首台套大型机械设备的出口，为有效带动国内企业走出去努力打造重要平台。

铀业公司海外业务布局注重本地化用工，以本地化作为实现国际化的途径，人员本地化，培养当地人才，适应当地法律。我们投入 2 亿多纳元用于当地员工培训、技能提升，为公司可持续发展创造必要条件。项目建设期间，中方人员总数不足现场总人数 15%，2017 年本地员工比例已达到 95%。湖山铀矿已经成为纳米比亚的国家名片，“湖山模式”为中国企业“走出去”开创了一条共同发展之路。在推进业务发展的同时，湖山项目秉承着“成长于斯、回报于斯，与项目所在地同发展，共进步”的理念，积极履行企业社会责任，实现企业与所在国家、地区的双赢。

2015 年 3 月底我赴纳米比亚湖山项目参加斯科公司董事会并进行调研，我调研的内容主要包括全面了解湖山项目收购投资决策相关情况、收购与矿建资金构成、技术状态及相关参数、针对国际天然铀市场变化及未来市场价格的不确定性，与铀业公司共同探讨湖山项目未来经营的策略及应对湖山项目矿建及未来生产面临的主要风险及挑战可能采取的措施。湖山项目自开建以来，得到中广核领导的高度重视，在铀业公司与斯科公司前后台协同努力下，工程建设进展顺利，投资控制满足集团批准的项目概算，我每月参加中广核召开的湖山项目协调会，了解并帮助推动解决项目建设中相关问题，目前主要里程碑节点按计划推进。

在湖山矿，中广核专门成立了斯科基金会，主要实施中小企业发展支持、斯瓦克蒙社区技能培训中心建设、幼儿园与学校捐赠、纳米比亚国家灾害救济中心建设、工会职员培训等项目。2015 年至 2016 年，斯科基金会联系举办了两届“湖山杯”马拉松比赛，赛事吸引了来自纳米比亚、南非、赞比亚的马拉松专业选手和长跑业余爱好者参加，人数超过 1 000 余人，成为纳米比亚最大的马拉松赛事。通过支持当地中小企业发展、注重保护环境与职业健康、支持社区建设和文化体育事业发展等突出贡献，湖山项目赢得了纳米比亚政府和公众的支持和赞许，我们已经融入当地，成为广受大家欢迎的企业公民。

目前，中广核铀业公司已经完成在中亚、澳大利亚、北美和非洲的铀资源开发。2009 年 12 月 18 日，中广核铀业公司成功收购澳大利亚铀矿勘查上市企业 EME 公司，为中广核集团在澳大利亚的发展建立了根据地。2016 年 1 月，铀业公司投资加拿大 Fission 公司成功完成股权交割，中广核矿业公司认购 Fission 公司 19.99%股份，成为其第一大股东。Fission 公司是一家加拿大初级铀矿勘探公司，拥有的勘探权面积约 300 平方公里，其中包含全球最大的待开发高品位铀资源项目之一——帕克森湖南项目。中广核铀资源开发基本涵盖了全球铀资源富集地区。

海外资源开发领域已基本完成全球富铀地区战略布局，特别是纳米比亚湖山矿的并购和矿建、生产，显著提升了中广核在国际天然铀市场的地位，为建设成为国际一流的天然铀生产商奠定了基础；核燃料加工与服务领域，通过扩大对哈萨克斯坦合作，签署了《关于扩大和深化核能领域互利合作的协议》，打通了核燃料加工海外供应渠道，实质推进国内组件工程试验中心建设；核燃料后端领域，作为集团后端总揽单位，建设大亚湾干式贮存示范项目已获得政府主管部门的批准，同时自主采购了中广核首台乏燃料运输容器；放射性物资运输方面，已取得了天然铀铁路商运资质，并实现了集团自用天然铀 100%自主运输，也具备了组件和 UO_2 芯块公路运输的条件。

中广核集团核燃料事业发展迈上了新台阶。中广核核燃料业务基本完成全球铀资源开发战略布局，湖山项目目前处于稳定生产；天然铀贸易规模稳步增长，天然铀销量突破万吨，并成功打入国际市场；产业化发展所需的六大资质中，除国内组件制造和乏燃料运输资质外，天然铀进出口专营资质、天然铀运输资质、国内铀资源开采、乏燃料干式贮存等四项资质已先后获得，并已成为推动我国核燃料体制机制改革的中坚力量。新形势下，如何抓住国有企业改革和核燃料市场化改革所带来的两大机遇，化解铀价低迷和持续降低集团核燃料供应成本所带来的两大压力，系统谋划、制订应对方案，进一步发挥好核燃料板块在燃料组件科技研发、燃料后端总揽等方面的统筹作用，全力完成集团核燃料供应保障任务，全面肩负起集团核燃料事业改革发展的统筹职责，持续做强做大，实现核燃料板块产业化发展。

2015 年 3 月 28 日国务委员常万全将军访问纳米比亚，常将军考察了湖山项目现场并于斯科公司总部湖山楼听取了湖山项目进展汇报。我有幸参加了汇报会，常将军对湖山项目进展给予充分肯定，高度评价湖山项目体现了中广核对国家“走出去”战略意义的深刻领会。他认为，中广核投资开发建设全球第三大铀矿湖山铀矿，展示了“战略眼光”。在过去两年多的时间里，湖山铀矿很好地处理了与政府、当地社区和工会等各方面关系，运作非常平稳，体现了中广核的“战略智慧”。湖山铀矿成为纳米比亚典范项目，得到纳国领导人的高度赞许，赢得了中国在外投资建设项目的好信誉，有力带动其他中国企业“走出去”，并成为中国政治、经济、外交等方面进一步“走出去”的开路先锋，为国家做出了战略贡献。

2017 年 8 月 27 日，中共中央政治局常委、国务院副总理张高丽视察中非最大的实体投资项目——中广核湖山铀矿项目的生产和运营情况。张高丽在视察中对集团“走出去”实施国际化取得的成绩给予肯定，并代表党中央、国务院向湖山项目全体员工致以亲切问候。

张高丽充分肯定中广核“走出去”国际布局，尤其是湖山铀矿项目在非取得的成绩。张高丽表示，中国企业“走出去”对国家发展非常重要，中广核从收购铀矿到建成投产，短短三年多的时间达到今日规模实属不易，在“走出去”方面，“中广核是有实力、靠得住的企业”。张高丽强调，核电站和铀矿与其他项目不同，尤其是湖山铀矿这样的国外项目要时刻把安全放在首位，从采矿、破碎到水冶等一系列工艺都要确保安全第一，同时要保证人才队伍的高端稳定，能解决关键性技术问题，确保生产万无一失。张高丽还鼓励集团在非洲大力发展清洁能源项目。

中广核海外核燃料布局和经营积累了一些经验，但仍有需要提升的空间，包括矿山运营的管理模式还需要进一步优化，项目初期阶段经营层及部门级领导主要以中方外派人员为主，中后期阶断逐渐向属地化方向过渡，而其中招聘、劳资关系、安全、环保、公共关系、税务等部门应尽可能地选用当地员工负责，便于与当地相关部门沟通，可以更好地促进海外项目公司的有效运作。斯科公司作为铀业公司的海外子公司，建设期中广核每月召开湖山项目协调会，协调项目建设中存在的问题，生产阶段铀业公司应进一步发挥好前后台协同作用。中广核的 PBA 考核体系在斯科落地，考核指标选择要充分考虑矿山的特点，将利润率、销售收入等与回收率、产量等结合。运维队伍建设，逐步建立独立自主维修能力，负责设备的日常简单维护保养。矿山建设到运营的移交接产：矿建和运营阶段基本为同一个团队，人员相对固化，保持了团队和业务的连续性及稳定性，以确保早日实现按期投产、达产的目标。矿建转运营时，准备工作要提前筹划，包括员工招聘及培训、运营物资的采购、供应商的确定、产品的销售。从业人员分析：普通员工主要以当地人为主，属地化管理，人员流动性大，关键岗位的工作人员应采取积极措施使其留任。公共关系维护：以协商谈判的形式，与当地工会和社区开展相关交涉；铀业公司董事会运作在中广核成员企业中具有示范意义，其对下属境外企业治理管控到位是确保风险可控的重要因素。

根据预测，到 2030 年全球民用天然铀需求量将分别比 2013 年增加 30%～55%。中国占到全球需求的占比分别从 2013 年的 9%增加到约 38%，其中中广核占全球需求量的大约 15%（1.4 万～1.7 万吨/年），如此规模的天然铀需求，中广核如果只通过市场采购和权益产量的方式将面临巨大的供应风险。中广核需要综合采用市场采购、参股、勘探开采来平抑天然铀市场风险，从历史天然铀价格趋势看，随着中国及新兴国家核电项目推进的恢复，天然铀价格预期将会上行。2030 年之后的天然铀供应与价格将由新增探明铀矿来决定，存在一定程度不确定性，同时需要积极发展天然铀贸易以进一步加强铀资源企业的市场地位，中广核具备在 2030 年建成国际一流铀资源企业的机遇，过去 2～3 年国际天然铀价格低迷，使得部分铀矿企业资产出售意愿加强，并使得并购价格处于相对低位。

中长期来看，哈萨克斯坦、蒙古、澳大利亚、加拿大、南美还有相当的铀矿资源有待勘探开发，湖山矿作为全球第三大矿，将为中广核建立国际一流铀资源企业奠定基础，中广核要在 2030 年建成国际一流的铀资源公司，需要建立五个方面的能力以实现低成本天然铀保障：资产组合管理能力、勘探能力、精益铀矿开发与运营能力、天然铀价格发现与交易能力、国际经营能力（见图 9）。

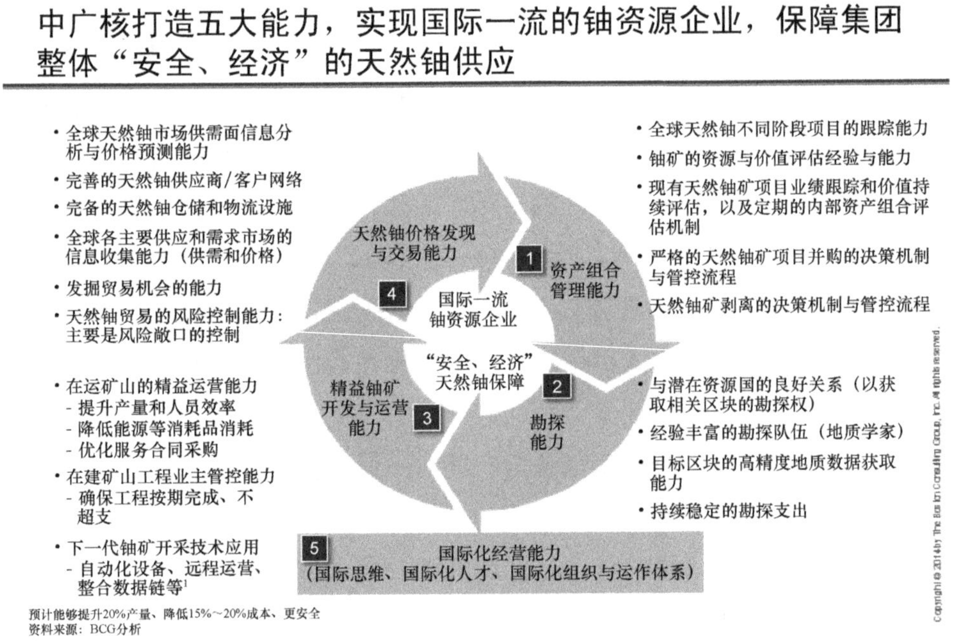

图 9　国际一流铀资源企业能力塑造

海外项目开发要符合我国与东道国的战略发展诉求，这样才能得到国家层面的支持和帮助，同时要积极做好战略筹划工作；中国企业在积极走出去的过程中，寻求双赢合作，达到共赢。在获利的同时，也要尽可能地学会给予；海外项目的开发，要树立风险意识，要把风险分析放在第一位，宁可错过，不可过错；海外公司要依法经营，安全发展，促使公司进入良性发展循环；海外公司经营过程中，文化融合较为重要，要相互尊重，相互融合，切忌用中国人的文化思维去解决外国人的问题；中资企业在走出去的过程中，要认真履行社会责任，在为本国创造价值的同时，也要积极为他国谋福利。

三、海外经营

埃德拉公司是东南亚领先的独立发电商，旗下拥有 13 个电站（11 个燃气电厂，1 个煤电厂，1 个柴油电厂），装机容量 8 770 兆瓦，项目分布于马来西亚、埃及、孟加拉、巴基斯坦、阿联酋等 5 个“一带一路”倡议沿线国家。作为能源央企，中国广核集团积极参与“一带一路”建设，2015 年 11 月与马来西亚埃德拉公司签署埃德拉项目的股权收购协议，由旗下中广核能源国际控股公司运营管理，埃德拉公司收购后取得了较好的经营业绩，2018 年 4 月南方电网入股埃德拉公司 37%股权。2018 年 3 月底我随同集团副总经理施兵赴马来西亚调研埃德拉项目，通过现场考察及与各级管理者交流，感觉到海外经营管理不是件容易的事，下面以埃德拉项目为例，提出董事会对海外经营管理需要关注的重点。

（一）合法合规是前提

改革开放 40 年来，中国企业国际化取得举世瞩目成绩，与此同时，也付出了不少经验，甚至惨痛的教训，特别是在遵守 WTO 规则，保护知识产权等方面，越来越多的中国企业意识到，合规风险对国际化公司的重要性和紧迫性。2017 年 5 月，国家通过了《关于规范企业海外经营的若干意见》，对中国企业跨境经营提出了明确的要求。作为能源央企应成为法治央企的表率，要把遵守中国的法律法规与国际通行规则、投资项目所在国法律法规有机地结合起来，为投资和项目运营保驾护航。境内总部要建章立制，建立起有效的风险监督、防范和问责机制，派出有经验的审计、合规等方面的人员进入境外管理团队，建立信息、跟踪、反馈、报告体系，实现闭环管理。重大事项决策前必须进行合法合规性审查，出具法律意见书，做到决策审慎，风险可控。境外公司实行属地化管理，通过聘请当地有律师执照的人员及境外常年法律顾问单位做好境外公司的法务管理，要保持与驻外使领馆的积极沟通，掌握所在国的政治经济新动态，主要是及时掌握政府对中国投资者的约束或限制性政策变化，对能源企业还应充分了解该国的能源发展规划、电力市场及长期购电协议（PPA）等情况。不能把境内总部的管治要求简单照搬照抄到境外企业，而是要下工夫认真研究如何把中国的法律法规与国际通行规则及境外企业所在国的法律法规有机结合起来，让合法合规经营成为境外企业的一种习惯。

（二）职责定位要清晰

我们常常听到这样的声音："如果这家企业真的我说了算，人员至少可以减少一半，国有企业上面设了那么多职能和业务部门，我们不得不设立相应的机构和人员做对口，否则，上面的指示要求无法一一落实。"听起来似乎有道理，实际上是定位职责不清，照此逻辑，机构和人员随着业务的发展将不断膨胀，这显然与世界一流企业的要求是不相称的。

能源央企集团的总部基本都设在境内，集团总部要开展各类业务一般都要设立各专业平台公司，在并购或开发境外项目完成后，集团总部通过专业平台来实施经营管理。这里就存在集团总部、平台公司、境外企业至少三个层级。集团总部作为资本投资或运营管理机构，主要职责是定战略、定规矩、管方向、控风险；专业平台公司作为产业发展机构，主要职责是建业务标准、建业务体系和业务流程、通过集约化平台提供快速响应的支持和服务；境外企业作为生产经营主体，主要职责就是安全生产。三层机构都设立了相关职能部门或业务部门，如果各自定位都很清晰，专注自己定位的职责，各层级不做重复的事情，就不至于上下一般粗，上一层级对下一层级原则上通过董事会行使股东权利，同时为下一层级提供增值服务，创造价值。只有定位清晰了，业务才能流畅，效率才能不断提高。定位清楚了，分工职责明确了，人员精炼了，沟通到位了，各司其职，事半功倍。在定位清晰的情况下，各层级都要实施精益化管理，不断降本增效。此外，总部、平台公司及境外企业对其职业经理人团队的尊重、信任和认同尤为重要，要加强对项目所在国的文化、行为习惯和风俗的深刻理解，才能实现国际化运营的协同顺畅。

（三）管治与服务并重

并购整合完成后的境外企业，为满足安全生产和经营的需要，集团总部、专业化平台及境外企业要进行逐级治理授权，根据股东的授权，在对境外企业已有的治理授权评估的基础上，扩大或减少其现有授权主要依据实际经营管理需要，做到授权适度，满足需要，风险可控。

绝大多数企业往往表现在重管理、轻经营，重管治，轻服务和支持。集团总部、平台公司层层从管理需要出发，要求定期或不定期报送各类报告、统计分析表格和数据，无论是来自监管机构或集团总部、平台的这些要求都没问题，但往往这些要求忽略了境外企业的特点或与境内管理要求的差异性，包括语言的统一问题等。实际上还是以简单的行政管控代替公司治理管控。世界 500 强企业基本上是全球化公司，从事的业务千差万别，总部做的主要工作是集约化平台的搭建和公共支持服务，统一标识和语言、建标准、建体系，全方位端到端支持和服务生产经营一线，总部和平台主要是配置好资源，提供好服务。管治与服务不可偏颇，管治是维护股东利益的权力，服务是股东对投资的责任和义务，管治与服务并重，融强管治于软服务，融严管理于经营中乃是世界500强之高超水平。

（四）信息报送规范高效

很多企业管理上出了问题，不是从根本上找原因，而是一味地上下互相抱怨和指责，集团总部与平台公司及境外企业之间的信息不对称有可能是重要因素。比较好的做法是管理覆盖到哪里，你的信息系统就应该延伸到哪里，这样可以保证你在全球各地的业务第一时间实现共享，虽然这需要投入一定的成本，但从长远来看是值得的。

除了信息系统建设，最重要的是规范高效的信息报送机制、渠道和方式等的建立，总部、平台甚至外部监管机构要求报送的各类信息、报表比较多，各层级是否可以梳理出一份清单，进行分类，做到内外有别，境外企业按照规范要求及时报送。只有信息对称了，沟通到位了，各层级对情况才能做出准确及时研判，采取正确行动，高效地解决问题。

（五）相互学习共同提高

在并购境外企业时，被并购企业一定有被我们看重的价值，并购后的整合我们大多数是将大股东的品牌和文化进行了复制或移植，这没有错，但千万别忽略了对并购企业既有优势的吸收和借鉴，进一步挖掘被并购企业的潜在价值，进一步发挥整合后的协同效应。收购埃德拉项目后，中广核及时派出了有专业背景和管理经验的管理团队，与埃德拉原有的职业经理人团队进行了很好的融合，埃德拉公司很快认同了中广核“一次把事情做好”的核心价值观及理念，整合过程保留了埃德拉公司优秀的职业经理人团队及许多成熟的管理经验，埃德拉公司分几批组织中高层管理者赴中广核大学培训、交流。整合是一个相对比较复杂的融合过程，是相互取长补短，相互学习借鉴，不断提高，共同追求卓越的过程，也是促进国际化企业跨文化管理能力不断提升的过程。

中广核在“一带一路”沿线国家开展核燃料、清洁能源合作取得丰硕成果，将中广核战略与“一带一路”有效对接，不断深耕海外市场，加大布局力度，助推“中国制造 2025”。中广核已成为我国企业走出去的靓丽名片，在英国及欧洲布局最大的投资项目英国核电项目、在非洲完成最大的实体投资项目湖山铀矿、是马来西亚最大的外国直接投资者、是爱尔兰投资最大的企业、是孟加拉国最大的独立发电商、埃及最大的独立发电商以及比利时最大的陆上风电场。

国资委主任肖亚庆提出，衡量世界一流企业，一是在国际资源配置中具有领导地位；二是在全球行业发展中具有引领作用；三是在全球产业发展中具有话语权和影响力。迄今为止，中广核集团国际业务已分布在 20 多个国家，境外资产和收入占比分别达到 16%和 20%，境外员工超过 3 000 人。从“引进来到走出去”中广核经历了 30 多年国际化道路，形成了一套行之有效的管治体系，中广核国际化永远在路上。相信通过一批能源央企在国际化道路上的不断实践和探索，能源央企的管治之道将不断优化和完善，能源央企追求卓越，成为世界一流企业的目标一定能够实现！

学习笔记：关于中广核实施国际化、精益化的思考

从大亚湾起步经过30多年的发展中广核已逐渐成为业务遍布全球有影响力的央企，虽然中广核的国际化始于20世纪80年代初期，但与国际一流清洁能源集团的奋斗目标和世界500强企业相比，无论是国际化程度，还是精益化管理水平等方面仍有不小差距，下面我结合中广核大学提供的《丰田模式》和《阿米巴经营》学习材料，谈谈如何加快国际化、精益化步伐，实现中广核转型升级的一些学习体会。

一、对国际化的认识

大亚湾核电站是我国改革开放初期最大的中外合资企业之一，内地与香港合资中法合作模式，为广东核电合营公司（以下简称“合营公司”）作为项目业主借鉴西方先进企业管理制度并按照国际惯例来建设和运营核电站提供了绝佳的学习实践机会，合营公司派中方骨干赴中华电力学习，派生产准备骨干赴法国培训学习，合营公司拥有了一批具有国际化经营理念的骨干团队，双语工作条件营造了全员适应国际化的环境，按制度和程序办事成为全员的良好习惯，合营公司形成的“安全第一、质量第一”工作原则深入人心，合营公司形成的制度和文化对中广核“一次把事情做好”的核心理念产生重要影响。这些都是中广核国际化的坚实基础。成立集团后，中广核在国内和国际业务均得到快速发展，特别是伴随国家“一带一路”战略，中广核在全球进行业务布局，取得了良好的成效，为更好地推进国际化业务，我谈谈以下几点认识：

（1）要重视和加强国际化战略及政策研究，既要加强对国家“一带一路”战略及标的国的政策研究，更要细化我们的战略和战术，企业战略要服从和服务于国家战略，但不是简单盲从国家战略，要研究与国家战略的协同性，也要研究机会风险及投入产出问题，发现机遇，迎接挑战，规避风险。作为中央企业，既要讲政治，更要讲效益，这是央企的经营哲学，

也应该是中广核的经营哲学。

（2）用全球化视野开发国内国外两个市场，统筹好两种资源，否则项目开发阶段前后方就会脱节，项目落地后前后方协同更无从谈起。我们可否高标准、严要求，把国内项目与国际项目一视同仁管理，对现有的制度和流程进行审视、梳理和优化，作为全球化的企业其制度和流程往往是兼顾国内国外的，提升制度和流程服务于国际化业务的效率，而非阻力或困扰。

（3）合营公司阶段国际化做得非常好，其中双语工作环境也是一个不可忽视的因素，如集团公司总部可否率先考虑营造和建立双语工作环境，无疑对全集团国际化会是个极大的促进。

二、对精益化的认识

（1）大亚湾兴建核电站时期，国家正处于计划经济向市场经济过渡，我们的首要任务是建成发电，电量是计划调拨，电价是国家确定。但彼时合营公司员工头脑中有“借贷建设，还本付息”的意识，成本领先始终贯穿在各项工作中，投资、质量、造价才得以有效控制。如今电量和电价在市场经济条件下变成不确定因素，在全集团开展精益化管理，重视客户导向，降本增效意义重大。稻盛和夫通过阿米巴经营法创立了 2 家世界 500 强企业，78 岁接过巨亏濒临破产的日航，用阿米巴经营法扭转经营困境，使其成为全球赢利水平最高的航空公司，我们该如何借鉴阿米巴经营之道，下面谈谈我对精益化的认识：

长期以来我们非常重视与政府的关系，不可否认良好的政企关系，的确给我们带来了巨大的支持和帮助，随着政府“放管服”的转变，我们应突出以客户为中心价值导向，客户关系管理应提到新的高度，几大板块产业链的上下游是客户，不同公司的业务协同，乃至同一公司业务不同环节的衔接及前后台也应视为客户，发挥市场在资源配置中的决定性作用，倒逼诸多的关联交易与市场进行对标，不断降低成本。全员都有客户意识，人人都是经营者，这才是阿米巴经营的精髓。

（2）可以借鉴《阿米巴经营》用单位时间贡献的附加值来衡量精益化的效果，来进一步优化现有的 PBA 和 PPC 对组织和员工的考核方案，考核是手段，考核的目的是激发员工的潜能和创造价值的激情，精益化管理应该从“要我干”转变为“我要干”。

（3）全集团应积极倡导杜绝浪费，无论是生产经营或非非生产经营部门都应杜绝浪费，生产经营部门的浪费可以通过优化流程，降低库存等手段实现，非生产经营部门虽不直接创造利润，减少的不必要开支就是利润贡献。

30 年的奋斗之路也是中广核学习之路，通过“引消吸”我们逐步实现技术立身；通过长期坚持“安全第一、质量第一、追求卓越”的原则，我们一定能够实现质量立本；通过精益化管理，不断降本增效，我们可以实现成本立命。中广核已经成为一个学习型组织，相信随着国际化、精益化战略思想在全员中的不断深入和认同，中广核一定会从优秀企业迈向卓越的伟大企业。

第 13 章

创新发展迎转机

广西防城港核电站位于美丽的北部湾之畔——广西壮族自治区防城港市企沙半岛东侧，是我国在西部地区和少数民族地区开工建设的首个核电项目。防城港核电基地规划建设 6 台百万千瓦级核电机组，其中一期工程规划建设两台单机容量为 108 万千瓦的 CPR1000 压水堆核电机组。防城港核电站一期工程由中国广核集团与广西投资集团有限公司按 61%和 39%的比例出资组建，其中，1 号机组于 2010 年 7 月 30 日正式开工建设，2015 年 10 月 25 日并网发电，2016 年 1 月 1 日正式投入商业运行，2 号机组于 2016 年 10 月 1 日投入商业运行。防城港二期工程 3、4 号机组正在顺利建设之中，二期工程是中国自主三代核电“华龙一号”的示范项目，是中广核在英国 BRB 的参考电站。看到防城港核电项目今天如此巨大的成就和未来的光荣使命，由衷地感到高兴，同时，不由回想起防城港项目的前世今生，项目开创初期的峥嵘岁月浮现在眼前。

一、壮士出征

广西能源资源结构可形象地描述为“缺煤少油无气”。按照当时的预测，“十二五”全区能源消费需求总量年均增长 9.4%，2015 年达到 12 400 万吨标准煤，人均 2.3 吨标准煤。随着广西经济社会快速发展，能源资源缺乏、能源生产和消费结构不合理等问题越发突出，能源发展面临巨大的困难和挑战。广西的电力规划提出电力建设的主要任务，即深入开发水电、加快建设煤电、积极接受区外电力等，同时，积极发展核能、生物质能、风能、太阳能等新能源，以提高能源的供应保障能力。积极发展核电不仅可以改善广西能源结构、增强电力保障能力，而且对优化广西经济结构、保持广西经济平稳较快发展，促进各民族共同发展、共同繁荣，建设资源节约型、环境友好型社会，具有重要的现实与长远意义。

中国电力投资集团（简称“中电投”，现与国家核电技术公司合并组建国家电力投资集团）是较早进入广西开发电力的中央企业，中广核是以核电为主的清洁能源集团，在核电建设和运营管理上处于国内领先地位，2006 年 7 月广西壮族自治区政府与中广核、中电投在南宁荔园山庄签署合作协议，建设广西白龙核电站项目，规划建设规模 600 万千瓦。一期工程规模为 200 万千瓦，总投资约 250 亿元，由中广核、中电投、广西投共同出资建设。

协议签署后，中广核即成立了广西白龙核电一期工程筹建处，由耿平生，后来的防城港公司总工程师，牵头组织前期工作，筹建处最早只有耿平生、舒彦和我三人。我是 2006 年 7 月调到筹建处工作，后来从核电又调来了一些骨干，付淼磊、林卫国、薛文逊等陆续到岗，他们在中广核都是资深的管理或技术专家。广西投也派了一些骨干，如邹庆华、胡雷冰等，集团派秦国安任筹建处主任。集团当时在阳江、红沿河、宁德等多个基地同时开发，派不出更多的干部，我们通过社会招聘方式招了一些非常优秀的人才，现都已成长为防城港公司的重要骨干。就这样，初期十来个人的筹建处队伍算是组建起来了。

防城港市于 1993 年建市，经济状况和市容市貌在广西算相对落后地区，说是地级市，实际赶不上广东的一个中等水平的县。当然，今天的防城港已今非昔比，作为北部湾经济开发区之滨展现出蓬勃的生机。

2006 年 8 月我刚到防城港市时，要找个像样的办公地都十分困难，经过比选最终确定选择防城港市的唯一一个地标，陈旧的建行大厦，建行是防城港项目的合作伙伴，防城港项目建设期建行提供融资贷款服务，在项目现场办公楼建成以前，建行大厦过渡使用了很多年，较好地解决了项目筹建阶段的办公问题。住也是个问题，防城港的社会资源十分有限，出于安全考虑，我们集中在港务集团的住宅小区租了几套房周转，后来随着人员逐步增加，也搬过几次家，工作和生活上的困难大家都没有怨言，想尽办法克服，每个核电新项目开发都会经历这么个过程，说实话搞新项目开发的确是要做出点牺牲的，没有甘当绿叶默默奉献的精神是搞不了新项目开发的，相信只有参与过新项目开发的人才会有深切的体会！

从深圳外派的同志，从稳定的工作环境到艰苦的创业环境，一下子还不太适应，工作和生活环境的艰苦想想办法可以克服，远离亲人的寂寞和乡愁只有靠集体的力量来解决，大家在工作之余主要的娱乐方式是骑自行车、踢足球。通过运动方式来强身健体，做好打硬仗、打持久战的准备，当情感、事业和身体实现平衡后，你会惊奇地发现，工作不再是苦差。中广核的人一定都记得王禹民吧，他 2002 年 7 月—2005 年 3 月担任中广核董事长，他为中广核做了很多贡献，他提出的“快乐工作、快乐生活”至今大家还耳熟能详，这其实是一种很高的工作和生活境界，我是非常认同的，这种心态用在新项目开发上十分受用，任何时候我们都不能没有革命的乐观主义精神，我们更要有必胜的信念。

组织问题是困扰大家最多的问题，由于集团发展太快，对新项目开发的组织体系研究也有个认识的过程，当时的主要想法是集团走专业化发展道路，专业化力量是集团的核心能力，专业化公司做强了，项目建设和运营就有保障了。

从法人治理结构角度看，项目公司的法律地位在项目建设中应起主导作用，专业化公司本质上与承包商没有区别，尽管我们的专业化公司也自称为“承包商”，但管理关系始终没有完全理顺，项目业主才应该是项目真正的责任承担者。防城港项目采取了所谓“小业主”模式，即工程总承包和专业化运营模式，筹建处和业主公司当时给的编制十分有限，管理关系“剪不断理还乱”，“小业主”根本没有足够能力实施项目管理，给筹建处和早期的防城港公司工作带来一定的被动。

现在来看“小业主”模式只是当时一种尝试和探索，小业主既无法满足外部监管机构对业主核安全责任承担的基本要求；也无法满足股东方对投资者权利责任和义务的要求；更不能保证项目业主自身管理的基本要求。

从股东方派来的干部，各有其特长，他们在自己的专业领域都是出色的技术或管理专家，把中广核、广西投企业的优势带到了防城港项目，但项目前期处于复杂的外部环境，前期最主要的工作是市场开发。核电这样的大项目市场开发的主要任务要取得项目突破，争取早拿“路条”，工作重心是向区、市、自治区各级政府及国家部委沟通汇报，取得各级地方政府的理解支持，取得批文具备条件向国家申报“路条”。筹建处舒彦同志具体负责项目申报工作，此人非常聪明能干，为项目前期的策划和突破做出了重要的贡献，他现担任防城港公司安全质保部经理。筹建处当时人员少，大家都要变成“多面手”，工作任务来了，大家集思广益、群策群力，个个都变成了“拼命三郎”。新环境、新任务对干部最大的考验就是转型，有些干部过去习惯了与机器打交道，不擅长与人打交道，而项目开发的最主要工作是和人打交道，特别是与各级不同的地方政府官员打交道，与各合作伙伴打交道。为了防城港项目取得突破，大家都在努力学习、适应新任务、新挑战，很快大家都变成了项目开发的“多面手”，筹建处完成了组建，“壮士”出山即将远征。

在艰苦、复杂的环境和条件下，大家想法一致，决不能给中广核丢脸。日思夜想的是如何在逆境中寻找突破，实现创新发展。大家都非常敏锐，善于谋划，善于抓住机会，敢于主动出击，创新发展，变逆境为主动，筹建处团队有强烈的开拓精神和进取心。这帮长期受中广核文化熏陶的人有着一股韧劲，百折不回，不达目的不罢休的精神。筹建处人员虽然不多，但大家分工协作，协同作战，背后有中广核的有力支持，项目开发的形势在悄然发生变化，我们以诚意感动了地方各级政府。中广核人以结果为导向，中广核人能做事、做成事成为广西壮族自治区各级政府的共识。作为中央企业，中广核到广西开发核电新项目，为的是优化广西清洁能源结构，造福广西，防城港的“壮士”们都有这种使命感和担当，筹建处为中广核赢得了信任和荣誉，广西壮族自治区政府认为中广核真抓实干，非常务实，工作推动力度很大，对中广核好感倍增。

二、山重水复

筹建处当时的主要任务就是与中电投合作推进白龙一期项目前期工程，该项目已列入国家核电规划，是根据 2005 年中广核、中电投与广西壮族自治区政府签署的协议，按照 40%∶40%∶20%股比，参照红沿河模式在防城港白龙厂址建设核电站，2006 年中电投已委托上海核工程设计院（“728 院”）完成白龙一期工程初可研，但由于红沿河股权均等模式下存在的问题，对广西项目带来了一定的负面影响，前期双方合作并没有实质性进展，白龙一期工程推进缓慢，到 2008 年项目仍处于停滞不前状态。

广西壮族自治区政府看到项目迟迟没有进展，有点坐不住了。为打破僵局，广西提出地方政府将 20%股权调整为 19%，转让 1%给中广核，调整后的股权比例为中广核 41%∶中电投 40%∶广西投 19%，寄希望于中广核处于相对控股地位，可以主导推进项目开发节奏，极力希望促成两家合作共同推进白龙项目。这种调整依然没有奏效，这也不是两家央企通过竞合战略解决那么简单的，从根本上，需要国家加强对核电开发资质的管理和对核电厂址资源的有序开发，形成良性的核电开发、建设和运维市场环境。

我们对复杂的形势进行了研判，大家一致认为：做好两手准备，一是将主要精力放在积极主动推进白龙一期工程项目，收集资料对白龙厂址进一步做补充研究论证；同时，要考虑一旦白龙项目推不下去，我们向国家和自治区政府必须要有交代，国家和地方政府因为信任中广核，邀请中广核来广西开发核电项目，我们都是中央企业，不能将问题停留在项目竞争层面，无论是白龙还是其他厂址都必须做好充分前期论证，我们应向集团建议的策略就是积极开发白龙，同时不放弃择机开发其他适宜性厂址的选项，这是筹建处当时大家充分研判后的集体智慧。

我们对白龙项目的推进从来也没有停止过，2007 年 10 月，我作为防城港筹建处的代表，参加了时任集团公司副总经理张善明率队赴越南调研考察活动，我们向越南核工业界及国家核安全监管部门介绍了中广核

CPR1000技术路线，介绍了白龙核电项目有关情况，越南方面对白龙项目没有回应。

2008年4月防城港筹建处在南宁组织了白龙一期工程安全评审会，评审会邀请了国内权威的专家和有关方面，经过对白龙厂址踏勘及闭门研讨，审查的结论认为白龙采取的AP1000方案技术路线还存在一些安全和技术方面的风险，白龙厂址存在距越南较近，涉及跨境释放等核应急问题，专家们一致建议对白龙厂址应采取审慎态度。

筹建阶段，耿平生同志对项目作出了突出的贡献，他负责与广西电力工业勘察设计研究院（以下简称“广西院”）接触，广西院始建于1958年，是全国唯一融水电、火电、送变电勘测设计于一体的甲级勘察设计单位，广西院曾做过广西境内核电厂址适宜性普查，手头上有若干核电厂址，其中除了白龙，还有红沙等厂址，这增强了我们的信心。耿总长期从事火电和核电管理，具有丰富的行业经验和人脉，年近6旬，为了这个项目上下沟通，四处奔波，为防城港项目付出不少心血，凭着对事业的忠诚和执著，为创新发展和项目转机发挥了示范引领作用，的确要为耿总点赞！

坊间曾流传：防城港筹建处的人是“明修栈道，暗度陈仓”，在这里我必须予以纠正，中广核人从来都是光明磊落，从不会搞什么“阴谋”，我们的战略或策略一定是“阳谋”。有个很有趣的小插曲就可以证明这点，2008年5月的一天，我记得是汶川地震后不久，当时白龙形势很不明朗，自治区发改委副主任高旭把我叫到他办公室问我：“孙旭，你们可否研究一下，中广核与中电投一家一个厂址如何？你们做红沙，中电投做白龙。”我听了以后心中暗喜，高主任传递的可能是地方政府的态度，项目或许有了转机。我并没有正面回答他，我说：“感谢高主任对中广核的信任和支持，中广核目前已有多个项目在同时开工建设，中广核有核电开发、建设和运营的资质，有核电的专业化能力和资源，最主要有一大批想干事、能干成事的人才。”他听了我的回答笑而不语。我充分理解地方政府的想法，对地方政府而言，欢迎所有的投资者，特别是两大中央企业。

我十分清楚我无权回答这个问题，更何况当时红沙厂址的条件还不成熟，尚处于初可研阶段，能否成立尚存不确定性因素。这只是其中一个小插曲。

无论筹建处阶段，还是防城港公司全体员工始终保持昂扬的斗志，即使在困难的时候也满怀信心，不放弃，本着对广西壮族自治区负责，对股东中广核负责，经过大家攻坚克难，群策群力，防城港核电开发形势终于获得逆转，真可谓苦尽甘来终是甘，守得云开见月明。

三、柳暗花明

2008 年集团经过审慎研究及时向国家有关部门和地方政府报告了情况并提出了相关建议，即另辟蹊径优先选择同在防城港的红沙厂址，也即现在的防城港核电站，国家有关部委、地方政府经过审慎研究，采纳了中广核的建议，国家核电规划上做了微调，将“防城港白龙”改为“防城港”，同意由中广核优先开发红沙厂址。2008 年 9 月 3 日防城港核电有限公司在防城港市注册成立，股权结构和比例调整为：中广核 61%：广西投 39%（将原股权比例中中电投 40%的股权各分配了 20%），集团派陈健担任防城港公司总经理，广西投派陈家章任副总经理，成立了临时党委，陈健任书记，陈家章和我为临时党委委员。

2008 年防城港核电项目厂址变更、股权结构和比例调整后，项目建设进入了快车道，项目业主与工程公司、运营公司协同，防城港核电项目推进非常顺利，2010 年 7 月 30 日防城港核电一期工程正式开工，刷新了核电新项目从厂址开发到开工最短的历史纪录，创造了“防城港速度”。成为国家、地方政府、企业协同努力创新发展迎转机的佳话，防城港的故事创造了核电新项目开发新纪录，只有股东和经营层加强沟通，共同谋划，勇于担责，敢于拼搏，协同地方政府和各利益相关方，才能实现创新发展。

我当了专职董事以后，感受更加深刻，股东、董事会和经营层要善于沟通，“金三角”不能变成“铁三角”，股东、董事会，特别是专职董事要加强调研，经营层要主动有所作为，任何时候保持敏锐，善于捕捉市场机会，善于谋划，敢于主动出击，具备强烈的开拓精神和进取心。坚持以结果导向，百折不回，不达目的不罢休，团队协作，纪律严明。

四、扬帆远航

2015 年 12 月 15 日，我作为工程公司专职董事专程赴防城港对华龙一号项目进展进行调研，喜逢防城港一期工程 1 号机组投产暨 3 号机组国家核准。作为英国 BRB 参考电站的中国自主三代核电华龙一号示范项目二期工程的 3、4 号机组正在顺利建设之中，3 号机组已于 2015 年 12 月 24 日正式开工建设，现已完成穹顶吊装，标志着作为英国华龙一号核电项目参考电站的防城港 3 号机组，从土建施工阶段全面转入设备安装阶段，4 号机组于 2016 年 12 月 23 日正式开工建设。

防城港华龙一号是我国完全的自主知识产权（见图 10）。华龙一号从研发工作启动时，就立足于打造具有自主知识产权的堆型，为“走出去”做足了充分准备。国际核电市场竞争十分激烈，除了政治外交因素外，技术的安全性和经济性是竞争能否胜出的关键，同等安全水平条件下就是比造价。华龙一号技术安全性与国际先进水平相当，经济性优于国际其他堆型，这是核心优势。我国核电经过 30 年发展，工程建设、生产运营等领域形成了比较优势。同时，国内成熟的装备制造体系和产能优势，能够形成“走出去”的供应链优势，首台套国产化率能够达到 85%以上，具备每年新开工 10～12 台新机组的能力。

华龙一号按照中国的最新安全标准 HAF102 的要求以及美国 URD、欧洲 EUR 的相关要求，同时借鉴日本福岛核事故的经验反馈以及国际先进设计理念自主研发而来，采用单堆布置、双层安全壳、三个安全系列、177 组燃料组件、自主产权数字化仪控系统（DCS）的和睦系统，能动与非能动结合，安全水平与国际主流三代技术相当。其安全性主要体现在“七个更”。

图 10 正在建设中的华龙一号示范项目防城港 3、4 号机组

更安全的堆芯设计：采用 177 组燃料组件，堆芯热工安全裕量大于 15%，堆芯平均线功率密度下降 3.5%；在控制手段方面，设置 68 组控制棒组件，增加停堆裕量，确保停堆安全。

更有利的厂房布置：厂房采用单堆布置，降低人因失效风险和机组间不利相互影响，更好地实现实体隔离，避免安全系统共模失效，便于电厂建造、运行和维护。

更坚固的安全壳：设计采用双层安全壳，可抵御大型商用飞机撞击，大自由容积，提高设计基准事故和严重事故下的安全性。

更冗余的安全系统：采用三个独立安全系列，相互独立，实体隔离，更好地应对事故和内外部灾害。

更多样的电源配置：配备 3 台应急柴油发电机、2 台后备柴油发电机、1 台移动式柴油发电机和多个系列的大容量蓄电池。

更可靠的驱动技术：采用能动与非能动技术结合，设计了二次侧非能动余热排出系统、堆芯熔融物滞留系统（IVR）等非能动措施，如发生事故可连续提供 72 小时冷却，确保反应堆进入安全停堆状态；堆腔注水冷却系统（IVR）可实现短期非能动堆腔注水，严重事故下能动方式的长期堆腔注水。

更高的抗震等级：安全停堆地震水平达 0.3g，有更强的厂址适应能力。

华龙一号建设期间，大量吸纳了有一定专长的劳动力和其他类型劳动力，为当地增加劳动就业岗位，增加国民收入，脱贫致富做出了积极的贡献。核电项目的大型化特点会积极促进当地相关配套产业的发展，如服务业、房地产、服装制造、建筑材料、电信、园林设计、广告设计、商业贸易等，也可以为当地经济发展起一定推动作用。因此，华龙一号的投资建设，将推动广西经济发展，优化电源供应结构，保障广西电力供应，并促进节能环保，产生良好的生态效益。

据测算，防城港二期 2 台机组投运后，具备年上网 165 亿千瓦时的发电能力，与同等规模的燃煤电站相比，每年可减少标煤消耗约 510 万吨，减少二氧化碳排放量约 1 333 万吨，环保效益相当于新增了约 4 万公顷森林，对治理大气污染、实现我国控制温室气体排放目标、保护生态环境发挥积极作用。

华龙一号示范项目的开工建设，对防城港公司、中广核以及整个北部湾经济区都有特别重大的意义。首先对防城港公司而言，能建设集团的华龙一号首堆，这是非常难得的机遇，既是国家和集团对我们过去工作的认可，也饱含对我们的期许。通过示范项目的建设，我们将进一步提升管理水平，同时培养一支三代核电人才队伍，为今后其他的华龙一号项目输血。从某种意义上来说，防城港二期将会是又一个“大亚湾”。

华龙一号是实现我国核电“走出去”的自主知识产权的核电技术，示范项目的建设将直接影响未来国际市场开发，其重要性不言而喻。

最后对于北部湾乃至整个广西，防城港核电一直是拉动经济增长的重要推手。防城港市一直将核电项目列为全市的“天字号”工程，市里及自治区对核电的发展提供了非常多的支持。此外，北部湾是国家“一带一路”的“海上丝绸之路”的重要桥头堡，近几年的经济发展速度提升，华龙一号的建设，将进一步拉动地方经济建设。

华龙一号从研发工作开始时，就立足于打造具有自主知识产权的堆型，为“走出去”做足了充分准备。譬如研发过程中使用的计算软件，这些软件虽然国外已有可以买来用的，但技术输出、“走出去”时可能面临知识产权障碍，中国广核集团提前策划，安排了 31 款软件的自主研发，为将来“走出去”技术输出做准备。

国际核电市场竞争十分激烈，除了政治外交因素外，技术的安全性和经济性是竞争能否胜出的关键，同等安全水平条件下就是比造价，核电是民用产业，核电发展的最终效益就体现在为公众提供安全、环保、经济的电力上。华龙一号技术安全性与国际先进水平相当，经济性优于国际其他堆型，这是核心优势。

我国核电经过 30 多年发展，核电规模和全产业链能力都有了跨越式提升，工程建设、生产运营等领域形成了比较优势，国际市场对这些成绩都很关注。同时，国内成熟的装备制造体系和产能优势，能够形成“走出去”的供应链优势，为华龙一号的经济性提供了保障，降低了风险。

中广核在核电走出去方面，形象地讲有“借船”出海、“拼船”出海和“造船”出海三种策略。罗马尼亚项目是借船出海，英国 HPC 项目是拼船出海，BRB 项目则是造船出海。“借船”和“拼船”的目的是为了学习、锻炼能力，实现最终“造船”扬帆远航。

作为一个全球化发展的企业，中广核按照市场原则、合法合规地去开发目标市场。作为一个负责任的企业公民，中广核在开发国内外核电项目时均以共赢发展作为一大基本理念，我们非常重视推动当地经济发展、与产业链协同发展，以及建设低碳社会和为当地创造就业机会，实现多方共赢。

中广核未来将借中国“一带一路”战略实施的东风，重点面向中东欧、东南亚、西亚、非洲等区域。我们将按照“循序渐进、风险可控”的原则，积极布局国际市场。

2016 年 9 月 29 日，中广核与法国电力集团、英国政府签署了英国新建核电项目一揽子协议，实现了我国核电走出去的历史性突破。英国核电项目包括欣克利角 C、塞兹维尔 C、布拉德韦尔 B 三大项目。根据协议，中国自主知识产权的三代核电技术“华龙一号”将在通过英国通用设计审查（GDA）后，在英国布拉德韦尔 B 项目进行建设。

华龙一号技术最终在英国的开工建设需要两个基本前提，一个是技术前提，即华龙一号技术通过英国监管机构组织的通用设计审查（GDA），另外一个则是厂址具备开工条件。

2017 年 1 月 19 日，英国核能监管办公室（ONR）和英国环境署（EA）已正式受理华龙一号通用设计审查，审查分为四个阶段，预计历时 60 个月。2017 年 11 月 16 日，华龙一号 GDA 第一阶段工作已经全部完成，正式进入第二阶段。

2017 年 12 月 11 日，中广核英国布拉德韦尔 B 核电项目正式启动厂址适应性阶段地质勘探工作，这是 BRB 现场的首次“动土”，是项目朝着开发和建设迈出的关键一步。地质勘探工作的开展，意味着 BRB 项目的现场工作拉开序幕。

中广核投资英国核电项目意义重大：第一，英国核电项目一揽子协议的签署，意味着中广核具备了与国际核电巨头同台竞技的实力。第二，中广核正式进入英国新建核电领域，这是中国核能企业首次进入西方发达国家，象征着中国从“核电大国”向“核电强国”的转变。第三，华龙一号开启在英国通用设计审查，将为华龙一号落地英国奠定基础，也是华龙一号走向世界的关键性一步。第四，中广核投资英国，是中、英、法三国互利共赢、互相合作的典范，是中英“黄金时代”的最佳注脚。

学习笔记：对“狼性文化”和“国际化”的认识和思考

2015 年年初集团年度工作会议上贺禹董事长对“狼性文化”做了很好的阐述：第一，敏锐，善于捕捉市场机会，善于谋划；第二，敢于主动出击，具备强烈的开拓精神和进取心；第三，结果导向，百折不回，不达目的不罢休；第四，团队精神，协同作战，纪律严明。结合集团年度工作会议提出的到 2020 年“再造两个中广核”及集团最终将成为国际一流的清洁能源集团的远景目标，结合集团面临的外部形势和环境，也谈谈我对“狼性文化”和“国际化”的一些认识和思考。

一、关于“狼性文化”的认识和思考

其实关于“狼性文化”虽然以前没有正式提出，但我们听到的反映“狼性文化”的故事在集团各业务领域不绝于耳，譬如新项目开发中涉及与竞争对手抢占厂址资源、前期工作“路条”获取、在国家规划中提高占比等策划和行动被坊间广泛认为中广核的“狼性文化”特色，我们之所以在许多方面比对手能够抢占先机，正是因为中广核有“一次把事情做好”的核心价值观，坚持“安全第一、质量第一、追求卓越”的理念不动摇，有一支有强烈事业心，能够协同作战、纪律严明的队伍，我们才做到了把一些“看起来不可能的事变成了可能”，把一些“平淡的事做出了精彩”，不夸张地说“狼性文化”似乎已经渗透到我们部分核心骨干和员工的“肌体”和“血液”中。

当前，集团正在按照板块化发展的格局快速发展，按照年度工作会议提出的目标，到 2020 年要“再造两个中广核”，最终我们要成为国际一流的清洁能源集团，此目标非常鼓舞人心，但也任重道远。我们面临的外部环境正在发生深刻的变化，2015 年 9 月国家出台了《全面深化国有企业改革指导意见》，相信央企的重组和资产证券化会进一步加速。从核电领域看，国电投成立后，中广核、中核、国电投三足鼎立，如果算上潜在的后来者将是群雄逐鹿，令本已竞争激烈的业态变得更加错综复杂，电力体制改革对核电带基荷运行及电价带来新的挑战，复杂多变的环境将变为“新常态”，如果不保持敏锐的“嗅觉”和清醒的头脑，做出及时正确的判断和应对，我们的后续发展将面临巨大的压力，我们要主动变革，适应“新常态”，对那些在“狼性文化”故事中攻坚克难的智者、勇士应给予及时的褒奖，形成勇于创业、善于创新、持续创优的良好氛围，继续保持我们在竞争中的优势，中广核要打造的是“百年老店”，要保持基业长青就必须坚持“三实两基”，练好内功，“狼性文化”不仅要求我们能够抢占市场先机，更要持续保持我们的领先优势，才能有可持续发展的后劲。所以我认为“狼性文化”的提出恰逢其时，“狼性文化”真正要做到内化于心、外化于行还有很长的路要走。

二、关于“国际化”的认识和思考

其实“国际化”对多数中广核人并不陌生，大亚湾核电站就是中国改革开放政策下，当时中国引进最大的中外合资项目，大亚湾核电站是典型的“国际化”工程，因此不能狭义地理解只有到国外做项目才叫“国际化”，广义的“国际化”应该是项目的组织管理模式、管理手段以及项目建设团队的行为习惯是否符合国际企业的通行法则，是否满足规范的公司治理的基本要求。中广核起源于大亚湾，通过大亚湾项目“引消吸”培养了一大批适应国际化项目管理的人才，孵化出若干专业化公司，积累了丰富的工程建设和运营管理经验，形成了一定的专业化管理能力。通过国内多基地多项目的连续建设和运行，对 CPR1000 机组的工程建设和运行基本掌握，这是我们的既有优势。过去大亚湾时代，我们坚持按国际标准建设和运营管理核电站，其中最基本的一条就是信守合同，严格按合同办事，但就这么一条最基本的符合“国际化”要求的东西我们并没有很好地坚持，有些项目为了赶进度合同尚未签订，工程已经推进了，结果大量商务问题一直挂着。还有就是如何正确处理进度、质量和投资的关系，当三者出现矛盾的时候，我们能不能始终坚持“安全第一、质量第一”不动摇，这些都是“国际化”的基本要求。福岛核事故后，国家对核电安全提出了更高的要求，我们现在面对的是多种技术路线、多个项目，国内国外同步推进的考验，国家积极推动高铁和核电“走出去”，我们有责任有义务积极配合国家“一带一路”的战略落地，但我们在维护国家利益的前提下，必须充分考虑企业的经营效益。目前集团在纳米比亚的湖山项目进展顺利，得到国家主管部门和当地社会的高度认可，但目前只能算矿山建设进展顺利，待未来湖山矿顺利投产，矿山安全稳定运营且满足投资回报要求，才能算该“国际化”项目全面的成功。英国和罗马尼亚等项目也在积极推进之中，面对华龙一号、AP1000、Candu 堆、CPR1700、小堆等新技术路线，面对国内国外两个市场同时推进，我们的“国际化”面临前所未有的挑战，我们的既有优势能否转化为新的优势，我们在任何时候能不能坚持“安全第一、质量第一、追求卓越”不动摇？我们的组织体系如何适应“国际化”的经营和管理要求？我们“走出去”如何带动装备制造业一起“走出去”？我们如何顺应互联网+及大数据时代企业发展的趋势？我们配套的激励和约束机制能否留住或吸引到各类优秀的满足全球化经营的人才？我们的技术输出有无自主品牌和知识产权？此外，诸如项目所在国的政策、投资环境和风险、项目所需要的人员本土化问题等都是需要深思的问题。

第14章 混合所有制的探索

中广核核技术发展股份有限公司（以下简称“中广核技”）是中广核下属从事非动力核技术应用的企业，主要的业务包括高端的电子加速器制造、电子加速器为企业和客户提供高端的辐照加工服务和高分子材料改性，目前这几个领域已做到全国行业翘楚。2012 年公司创立之初，业务基本没有进展，一度亏损 1 500 多万，经过 6 年的发展壮大，公司营业收入、利润总额，资产规模均有大幅增长，2017 年 2 月成功在 A 股完成重大资产重组上市，更名为中广核核技术发展股份有限公司，成为中国核技术应用第一股。中广核技从举步维艰到快速增长（见图 11），除了电子加速器制造、辐照加工、改性高分子材料等三大业务的快速发展以及产业链布局外，最重要的是得益于发展混合所有制经济，促进体制机制不断创新，实现国有企业和民营企业合作的创新发展、核技术和传统技术结合的创新发展、资本与实体结合的创新发展。

中广核技发展的道路并非一帆风顺的。作为一个初创企业，在 2012 年成立之初基本上没有太多业务，2012 年营业收入 839 万，亏损了 1 541 万。2013 年伊始，公司进行了重组，公司董事会提出了新的发展思路，公司开始进入一个高速发展的阶段。通过并购一批优质的民营企业，2013 年基本形成产业布局，经过 2014 年到 2016 年的发展，营业收入超过 30 亿，利润达到 3.16 亿，2017 年 2 月成功实现 A 股上市。从 2013 年年底，第一批的实体项目落地到 2017 年年初实现上市，围绕电子加速器制造、辐照加工、改性高分子材料等三大业务，加大了并购后的整合，实现整体发展和产业链的布局，最初围绕着我国目前核技术应用最核心的领域——材料改

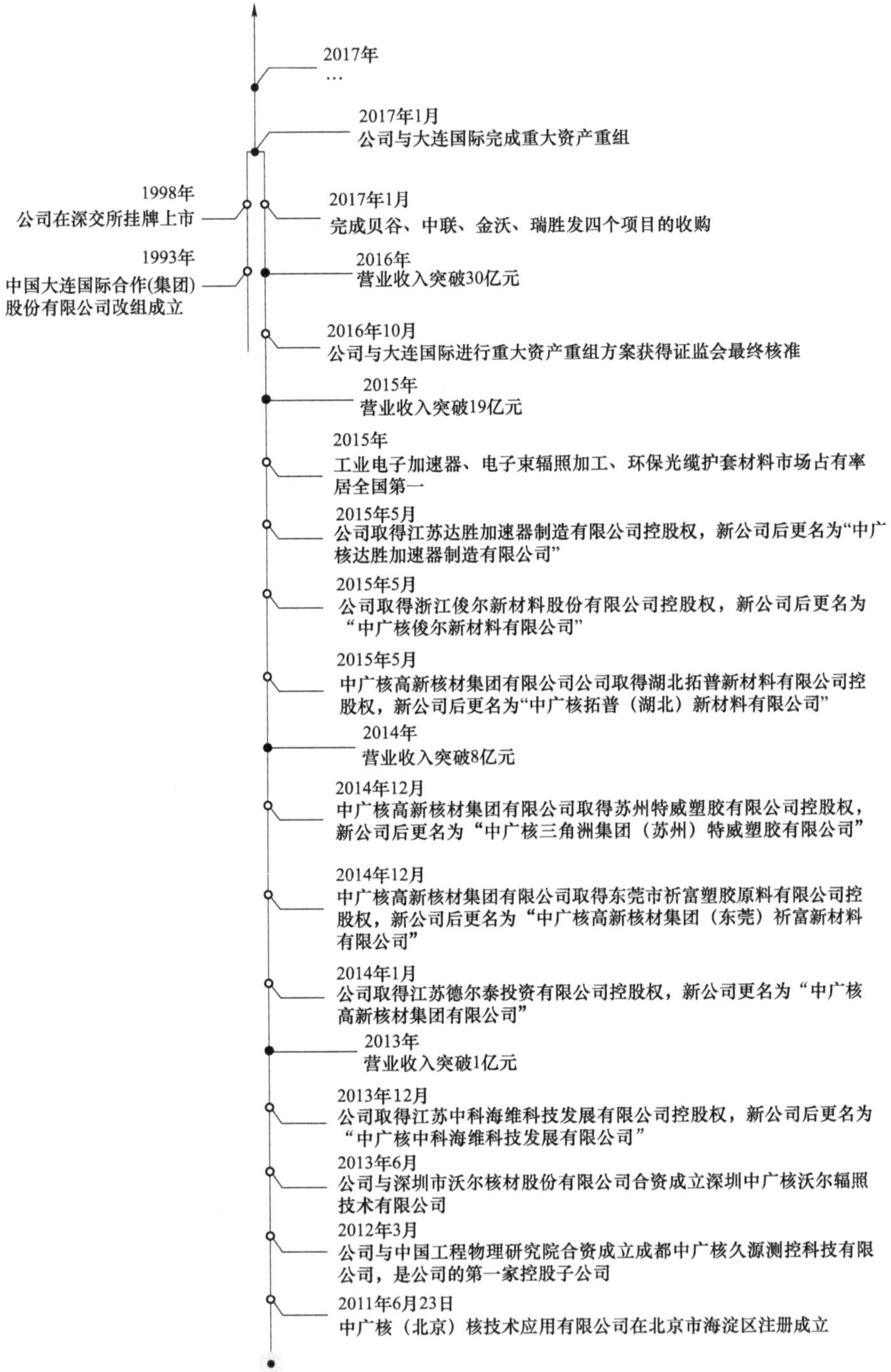

图 11　中广核技高速发展历程

性展开的，电子加速器业务也与材料改性实现的相辅相成协同发展。辐照加工业务，围绕着射线如何改变和提高材料的性能，改性高分子材料的业务也是目前中广核技主要的业务之一。在实现了主要业务布局的基础上，在核技术应用其他的领域做了全方面的推广，比如说加大辐照改性材料方面的优势，加快阻燃新材料、合成新材料、核级电缆，核电非金属材料的发展。同时大力地开拓核医学，同位素制备和应用的业务。

中广核技从一个初创企业发展成为行业龙头，混合所有制是帮助其实现从举步维艰到能够快速增长的关键，公司的发展创新主要体现在：

第一个是国有企业和民营企业合作的创新发展，中广核是央企，央企是我国国民经济的主力军，拥有资源和品牌的优势，但在高度市场化的竞争领域，央企在体制机制上存在不足。中广核技并购的是大量优秀的民营企业，这些民营企业在市场化、在体制机制方面拥有各自的优势，通过发展混合所有制经济，很好地把央企和民企结合起来，强强联手。目前中广核技下属所有企业都是混合所有制的企业。混合所有制也是中广核技得以发展的基本动力，围绕混合所有制公司建立了一整套完整的风险防范体系。

初步统计到目前为止，加入到中广核技的大概有十几个项目，平均在加入中广核技之前的一年和加入之后的一年去比，利润增长了 2 倍多，这样一个高速的增长，主要靠的是混合所有制激发出的活力，主要靠的是深化改革创新发展的动力，国企和民营企业的融合让核技术公司走出了一条创新的发展之路，这是中广核技成功的关键。

第二个是核技术和传统技术集合的创新发展，核技术应用产业和传统国民经济制造业的 40 余个行业近三分之一有关系。核技术已经渗透到我们日常生活的方方面面。比如电线，通过核技术，通过射线的辐照，可以大幅度地提高电线的性能。再比如说方便面里面的调料包，还有大家喜爱的各种小吃，这些食品都是经过了辐照的技术进行消毒处理。核技术不是说替代原有的产业，在没有核技术之前也有小吃，有了这个技术以后，对于原有的产业进行了升级。举个例子，比如改性的电缆材料，传统的材料没有经过核技术处理之前，耐温、耐熔性比较差，通过射线进行辐照以后，改变了分子的结构，加工以后的产品实现了抗老化性、耐受性大幅度地提高，这是一个非常典型的例子。同样，传统的电线和辐照过的电线，拿到酒精灯上烧，前者已经着火了，后者是可以遇到明火 10 秒钟不燃。做高压短路过载实验，传统的电线已经开始着火了，经过核技术处理的电线就不会有任何问题。核技术的应用领域非常广泛，用电子束处理工业废水技术，可以大大地提高废水和污水处理的实际效果，有效地降低成本，而且这个技术可以广泛地应用于各行各业的废水处理。通过核技术应用到这些传统产业里面，实现传统产业转型升级，这是公司借力产业技术革命带来的创新发展。

第三是资本与实体结合的创新发展。核技术应用领域的特点是产业高度分散，企业规模小，实力不足，低水平竞争，迫切需要行业整合。如改性线缆材料领域，在我们进入之前，整个行业的规模在国内大概是 600 亿～800 亿元，这里面最大的企业年销售收入只有 10 亿元左右，产业分散度高。单个企业不管是在研发，还是在推广方面都遇到了很多的障碍，而且整个行业的竞争惨烈，迫切地需要行业整合。这是实体经济难以做到的。核技术公司进入以后，利用资本运作的手段，推动了资本运作和实体经济之间的结合，这种结合实际上彻底改变了整个行业的面貌。通过这几年的发展，中广核技的核技术应用领域，已经遍布了几乎所有的经济比较发达的地区，而且向中西部辐射。

一方面，通过资本运作整合产业，提升了整个行业的发展平台，另一方面，通过重组上市迅速地使公司取得了直接融资的途径，可以和资本市场对接。2013 年公司的第一批实体项目落地，实际上在三年的时间，从零开始上市，这是国内现有的资本市场管理体系下的最短的纪录，通过迅速实现上市，取得直接融资的平台，可以更好地促进产业的转型升级，参与全球的竞争。

2014 年 8 月—2018 年 1 月中广核集团委派我到核技术公司担任专职董事，有幸见证了公司快速发展，通过并购行业中优秀的民营企业，走出了一条通过外延式并购发展与内生式增长相结合的发展之路。

一、选准行业

核技术应用是指利用同位素和电离辐射与物质相互作用所产生的物理、化学及生物效应，来进行应用研究与开发的技术，被称为核工业中的“轻工业”。核技术应用也是近年来快速发展起来的战略新兴产业。目前世界上有 150 多个国家开展了核技术应用的研究。核技术应用在发达国家已形成庞大的产业链。美国核技术应用产业的年产值占国民经济总产值的比例约为 4%～5%，日本和欧洲相应所占比例为 2%～3%，全世界核技术产业规模超过万亿美元。国内核技术应用产业的年产值在 2010 年已达 1 000 亿元，占当年 GDP 的 0.3%，到 2015 年相关产值已达 3 000 亿元，占当年 GDP 的 0.4%。与美国、欧洲、日本等发达国家和地区相比，中国核技术应用产业仍有非常大的发展空间，未来预计可达万亿级别的市场。国内核技术应用市场还处在成长期，仅在材料改性和辐射消毒灭菌等领域较为成熟。目前材料改性已产生千亿市场空间，未来随着医学、环保、印刷、汽车、辐照固化等新领域的核技术应用逐步成熟，核技术产业将进入更广阔的发展领域。核技术应用是资本和技术密集型的产业。国内核技术应用产业的整体态势较为分散，大量中小型的民营企业在市场上竞争激烈，大型领军企业凤毛麟角，整体水平与发达国家存在较大差距。国内核技术应用企业正积极借助资本市场，加快行业整合和自身发展。

2011 年，中广核做出了进军核技术应用的正确选择，立足全球新一轮科技革命和产业变革的新趋势，瞄准核技术应用方向，斥资 5 000 万元成立中广核核技术应用有限公司，作为集团核技术应用产业发展平台，业务主要覆盖加速器制造、辐照加工、改性高分子材料、核仪器仪表等领域。核技术公司一开始并没有走上高速发展的快车道，在起步阶段就面临重重困难。成立 2 年时间，产业布局没有实质进展、队伍流失严重、核心产品竞争力不足，没有形成自我滚动发展能力。经过深入分析，行业没有选错，市场前景巨大。发展不起来主要原因在于体制机制不适应激烈市场需要。咨询公司 BCG 的建议也是如此，中广核选择核技术应用作为新业务切入点恰逢其时，核技术行业发展空间巨大，核技术公司的发展方向和前景可期。

二、混改初见成效

2013 年中广核与核技术公司董事会把混合所有制改革作为重要突破口和着力点，以战略并购方式实现产业布局和价值链快速延伸，实现行业资源整合；推进并购企业管理融合与业务整合；开展科技项目研发，不断增强自主创新能力；实现内生发展与外延发展有机结合，通过重大资产重组完成上市，推动混合所有制发展进入新阶段。

核技术公司在发展中始终坚持董事会提出的“五高”原则，即高投资回报、高技术附加值、高市场潜力、高社会价值、高员工成长原则。在混改过程中坚持问题导向，系统谋划改革路径、创新体制机制、优化产业布局，探索出一条企业快速做强做优做大的新道路。核技术公司通过并购方式快速切入核技术应用这一高技术产业，获得了发展先机，实现了全国布局；充分发挥混合所有制优势，将民企的市场化优势与央企的资源、品牌和管理优势相结合，有效推动并购后企业规范化运作及可持续发展；依托大平台，为职业经理人和核心骨干人员充分发挥人力资源优势提供了广阔空间。此外，核技术公司通过完善重点区域市场战略布局，积极推进管理融合与业务整合，充分发挥协同发展效应与产业规模效应。

经过 6 年的发展壮大，截至 2016 年年底，公司实现营收 31.19 亿元，利润总额 3.2 亿元，总资产 118.9 亿元，净资产 54.98 亿元，成为国内最大的工业电子加速器研发制造企业、国内最大的电子加速器辐照加工服务提供商和国内最大的高端线缆材料制造商，拥有国家级研发平台 2 个，国家级第三方认可实验室 2 个，院士工作站 1 个，地方级科研中心 22 个，博士后科研工作站 5 个。中广核技正在积极拓展核医学等业务领域。短短 6 年中广核技已成为全国核技术应用的龙头企业，在电子加速器、辐照加工、高新材料等重点领域全面实现国内领先，并打入国际市场。

以改性高分子材料为例，中广核技有个平台叫做中广核高新核材集团有限公司，这个公司成立于 20 世纪 80 年代前期，最早是一个乡镇企业开始做的，当时也是国内最早开始从事改性材料领域的企业之一，从 80 年代到跟中广核技合作之前的 2013 年，通过 30 多年的发展，实现了大概 4 亿的营收和 3 000 万的利润，在 2014 年初，加入到中广核技以后，2014 年、2015 年和 2016 年这三年的利润和销售额有了大幅度的提升，这是混合所有制强强联手，优势互补发展的结果。从 2013 年 3 200 万的利润到 2015 年和 2016 年 8 000 多万的利润，在此基础上，通过资本运营的手段，通过行业整合的这个做法，是在它自身内生增长之上，带来了大量的外延并购的发展。通过双轮驱动模式，形成了前所未有的发展机遇。中广核拓普（湖北）新材料有限公司，同样是做改性材料的公司，2015 年加入中广核技以后，利润从 2014 年的 400 多万增加到了 2016 年的 4 000 多万，增长了 10 倍。

电子加速器业务发展也是如此，中广核技的射线装置，中广核达胜加速器技术有限公司 2016 年电子加速器的产量达到了 31 台，相当于 2015 年全中国的电子加速器市场的总额，2016 年对外出口 9 台加速器，相当于 2016 年之前，中国所有的对外出口的电子加速器的总额，可以看到它进入这个混合所有制的模式以后，业务增长速度之快。

董事会通过战略引领促进中广核技的快速发展，董事会要求中广核技认真总结混改经验，稳步做好外延式并购发展，加强并购后的整合，保持内生式增长的持续发展后劲。

（一）把准方向，明确路径，推动业务实现跨越式发展

一是把握行业特点，聚焦业务发展方向。中广核技在对行业 200 余家企业调研基础上，掌握核技术应用产业发展规律和竞争态势。董事会认为，在核技术应用细分市场中，既有高度垄断的领域，也有市场竞争比较充分、相对开放的领域。作为后来者，短期不具备与老牌企业在垄断市场区域直面竞争的实力，必须发挥机制灵活优势，进军市场化程度较高的领域才有可能抢得市场份额。经系统规划，公司应将业务范围聚焦在电子加

速器制造、辐照加工、改性高分子材料三个处于价值链高端的细分市场，推进混合所有制改革。二是借力并购重组，快速整合行业资源。根据核技术应用产业民营企业主导发展的特点，公司在兼并重组过程中，要积极与优秀的民营企业开展股权合作，既保留其市场化优势，又结合中广核的央企资源、品牌优势，探索优势互补、互利共赢发展新模式。推进过程中严格按照市场惯例规范并购操作，在短短的两三年时间内快速完成行业整合与产业布局。三是推动整体上市，形成自我滚动发展能力。

（二）规范治理，加强管控，建立有效制衡的法人治理结构

并购完成之后，中广核技全面履行大股东职责，按照“治理管控为主、行政管控为辅”的总体思路，明确管理红线，持续完善公司治理、规范子公司管理。一是加强制度建设。建立和完善“三重一大”决策管理制度，推动各子公司均按要求建立《授权管理制度》和《董事会议事规则》等制度程序，清晰界定各级治理主体的权责边界，规范公司重大事项的决策流程。二是优化股权结构。以上市为契机，将少数股东股份上翻至上市公司层面，实现了股东利益的一致化，优化了股权结构和公司治理，为后续推进混合所有制经济的深度融合发展做好了铺垫。三是规范董事会运作。中广核技在各子公司的董事会均占半数以上席位，根据不同情况分别派出总经理、财务总监、副总经理等高级管理人员，实现对子公司重大事项的控制。同时对公司股东、董事会、总经理部等方面的管理权限进行规范化管理，保证了“治理管控”落实到位。四是加强对关键岗位的管理。关键岗位进行人员派驻，强化培训，确保各所属企业在合法合规的前提下，保持经营活力及业绩持续提升。

（三）利益捆绑、目标牵引，推动各类资本所有者共同发展

混改面临的最大困难，来自于如何促成民营企业家放弃自己“大当家”身份，以“小股东”身份跟着中广核技干。通过实践，中广核技探索总结出一套行之有效的方法，即优选伙伴、利益捆绑、目标牵引。优选伙伴就是在投资并购和引入战略合作伙伴中严格设定“门槛”，确保并购企

业和引入战略合作伙伴运作规范、效益良好、认同中广核技的发展战略和中广核集团的企业文化，能与现有业务产生协同效应。利益捆绑就是在项目股权和交易结构的设计等方面，要让合作伙伴与中广核技的利益保持一致，把双方利益牢牢捆绑在一起，让双方共生共赢。目标牵引就是要设定一个良好目标，以此带动双方共同努力。根据中国证监会的相关要求，各子公司与中广核技签署了《盈利补偿协议（修订稿）》，约定自标的资产交割完成当年度起的连续三年，子公司任何一年的截至当期期末累计实现的合并报表的净利润数低于截至当期期末累计承诺净利润数的，或者业绩承诺期期末存在资产减值情况的，各子公司及其指定的其他交易对方应向中广核技进行股份补偿，由中广核技按照 1 元人民币的总价回购应补偿股份并注销。并且，若中广核技在业绩承诺年度内实施现金分红的，则补偿股份所对应的分红收益应由各子公司或其指定的交易对方无偿赠予中广核技。同时，各少数股东与各子公司共同签署了《利润保障协议》，就在业绩承诺期间的具体承诺业绩金额、补偿和奖励事项等作出明确约定。根据《利润保障协议》，如果在业绩承诺期内任一年度未完成资产重组利润保障，对应的子公司及其股东方应无条件根据各子公司的书面指示将其应承担的当期盈利补偿金额以股份方式补偿给中广核技，由中广核技按照 1 元人民币的总价回购应补偿股份并注销。正是因为建立了这样有效的激励与约束机制，中广核技得以保持持续高速发展势头，对于并购后所设定的目标不能无限远，要“跳一跳”能够得着；同时，设定公司清晰的发展愿景，用伟大的战略目标引领各方股东共同奋斗。

（四）创新驱动，优化布局，打造可持续发展核心竞争力

一是加强科技研发力量建设。坚持市场牵引科研战略布局，围绕核心技术进行研发，已累计拥有有效专利 300 余项、技术秘密 2 000 项以上；大力推进集团级、国家级平台建设，已组建国家能源局非金属材料寿命评价与管理技术实验室、中国轻工业汽车用改性塑料重点实验室和电子加速器技术及应用研发中心等科研基础设施。二是完善高端产业链布局。中广

核技在整合工业电子加速器、辐照加工等细分领域基础上，推动核技术应用向核医学等更高端领域布局。目前，已成功建设运营的全球首个电子束辐照处理工业废水示范工程，利用集团发电用核反应堆制备医用放射性同位素业务已获得国家许可，初步形成核技术应用高端产业链，构建集团内产业协同发展的新平台。

中广核技通过混合所有制改革的探索，快速实现了整合行业、做强做优做大的目标，显著增强了企业活力、市场竞争力和抗风险能力，具体体现在五个方面：

（一）实现国有资本保值增值。5 年来，中广核技规模迅速扩张，营业收入呈几何级增长，由 2012 年的 839 万元增至 2016 年 31.19 亿元，年均复合增长率超过 300%；总资产由 2012 年 3 719 万元增至 2016 年 118.9 亿元，增长 319 倍。在实现做大规模同时，利润总额也由 2012 年的 –1 541 万元增至 2016 年的 3.2 亿元，有效实现了国有资产保值增值，民营企业作为小股东也共享到了企业改革发展的成果。

（二）构筑市场竞争新优势。中广核技目前在众多细分市场领域已是国内第一，部分领域已实现全球领先。其中，在工业电子加速器领域是全球可生产类型最多的加速器设备供应商，已经占据国内 70%市场份额；以加速器为核心的污水处理装置处于全球领先地位；电子加速器辐照加工领域拥有国内最大产能；高端电缆料领域市场份额国内第一；低压电器、汽车用工程塑料领域处于国内第一梯队位置。

（三）提升强大科研能力。中广核技目前拥有国家级研发平台 3 个、国家级第三方认可的实验室 2 个，院士工作站 1 个，博士后科研工作站 5 个，地方级（省、市级及以下）科研中心 23 个。公司研发团队逾 400 人，高级技术职称人员 67 人，享受国务院特殊津贴、列入“百千万人才工程”和地方（省、市）人才计划的专家 12 人，外聘专家 34 人，并掌握有效专利和技术秘密 3 100 余项，能够为业务的可持续发展源源不断提供动力。

（四）带动全产业链转型升级。通过混改，中广核技结合国企与民企的优势不断整合行业资源，完成高端产业链布局，打破了国外企业对某些高端领域的技术垄断，不仅实现替代进口，而且产品已经出口到美国、印度、韩国、巴西等 10 多个国家。2016 年以来，电子加速器实现海外销售 12 台套，成为中国第一家成功打入欧美市场的制造商。

三、关于混改的思考

20 世纪 90 年代开始，我国允许国内民间资本和外资参与国有企业改组改制，改革开放实践证明，混合所有制能够有效促进生产力发展。十八届三中全会指出，混合所有制经济是基本经济制度的重要实现形式，积极发展混合所有制经济，是深化国有企业改革，完善基本经济制度的必然要求。目前，中央已出台了国有企业发展混合所有制经济的意见，有序开展混合所有制改革试点，鼓励和规范国有企业投资项目引入非国有资本，截至 2015 年年底，中央企业中混合所有制企业户数占比达到 67.7%，需要关注的是不能为了“混”而“混”，背离混合所有制的初衷，混合所有制的目的是转换经营机制，激发企业的真正活力，中广核技的混合所有制之路也非一帆风顺，从核技术公司发展之路带给我们深深的思考，发展混合所有制需要注意哪些问题？我们对一些问题怎么看？

第一，混合所有制改革不等于股权多元化改革。

无论是理论界还是实践界，有相当一批人认为，将国有单一股权的企业改制为多个国有法人持股的企业，这也是混合所有制改革，这就将混合所有制改革等同于股权多元化改革。实际上，这是股权多元化改革而非混合所有制改革，混合所有制改革虽然与股权多元化改革一样是一种多元股权的股份制改革，但一定是指财产权分属于不同性质所有者的企业所有制改革，其具体形式可以是国有股份或集体股份与外资股份联合而成的企业，也可以是国有企业或集体企业与国内民营联合组成的企业，或者是国有股份与个人所有制联合组成的混合所有制企业。混合所有制改革与股权多元化改革的关键区别就在于，前者一定是改革为国有与非国有共同持股的企业，而后者只强调多个法人持股，但并不要求一定是不同性质的持股方的多元持股。

第二，混合所有制改革不等于国有资产流失。

混合所有制改革过程中的国有资产流失问题，一直是人们关注的焦点，是混合所有制改革必须克服的最大障碍。由于混合所有制改革涉及将国有股权出售给非国有方，如果这个过程中存在信息不公开透明、市场交易定价不合理、交易程序不公正等问题，那么很容易出现国有资产流失问题。一些反对推进混合所有制改革的人因此将国有企业混合所有制改革等同于国有资产流失，甚至等同于私有化，认为国企混合所有制改革必然出现国有资产流失，是一种私有化方式。但是，国企混合所有制改革并不必然带来国有资产流失，关键是程序公正、交易公平、信息公开、法律严明。如果操作流程和审批程序规范、国有资产定价机制健全、第三方机构作用得到很好发挥、审计纪检及内部员工等各个方面监管到位，完全可以做到守住国有资产不流失的“红线”和“底线”。企业的资产价值需要动态的衡量，国有企业股权也需要在交易体现其价值。

宁愿将国有股份在静态中“化掉”，而不愿通过交易追求股权最优配置、进而实现更大的国有资产保值增值，这种“因噎废食”的错误观念一直制约着混合所有制改革乃至整个国有企业改革的进展，当前推进混合所有制改革中必须加以破除。混合所有制改革已经是我党经过多年从理论到实践的探索后明确的国有企业改革方向，尤其是党的十八届三中全会及各类党的文件反复强调，决不应再将混合所有制改革贴上“私有化”标签了。

第三，混合所有制改革不等于全部国资国企改革。

有些人在谈及新时期国有企业改革，就认为国有企业改革一定是指国有企业混合所有制改革。在充分肯定混合所有制改革的重要意义同时，还必须认识到国企混合所有制改革并不是国企改革全部，不能认为只有推进混合所有制改革才是深化国有企业改革，不能将国企混合所有制改革等同于全部国企国资改革，也不能因为混合所有制改革推进的“获得感”不明显，就否认整个国有企业改革的进展。

党的十八届三中全会对新时期全面深化国有企业改革进行的战略部署，明确新时期全面深化国有企业改革的重大任务，包括国有企业功能定位和国有经济战略性重组、推进混合所有制改革、建立以管资本为主的国有资本管理体制以及进一步完善现代企业制度等方面内容。实际上国有企业混合所有制改革可以归结为完善国有企业的产权微观结构，而整个国有企业改革涉及国有经济结构调整、国有资产宏观管理体制构建以及国有企业公司治理结构完善等各个方面，这需要整体协同推进，任何单方面“冒进”，都不会取得令人满意的改革效果。

第四，分类分层、因企制宜。

当前有人对国有企业混合所有制改革“细心”不够，笼统地谈国有企业混合所有制改革，忽视新时期国有企业改革推进的“分类分层”前提。回顾 30 多年来的中国国有企业改革，先后经历了从改革开放之初到十四届三中全会的“放权让利”阶段，20 世纪 90 年代初至 21 世纪初的“制度创新”阶段，以及十六大以后以 2003 年国资委成立为标志的“国资管理”发展阶段。十八届三中全会则开始了新时期全面深化国有企业改革的新阶段。如果说这个新时期改革阶段与前三个阶段有什么重大区别的话，那应该是新时期国有企业改革是以国企功能分类为前提的，甚至可以概括为“分类改革”阶段。根据中央关于国有企业改革指导意见，国有企业可以分为公益类、主业处于充分竞争行业和领域的商业类，以及主业处于关系国家安全、国民经济命脉的重要行业和关键领域、主要承担重大专项任务的商业类国有企业。不同类型的国有企业，将会有不同的国资监管机制，混合所有股权结构中的国有持股比例要求不同，企业治理机制也有差异。一个国有企业，是否进行混合所有制改革，混合所有制改革中的国有股份比例多少，混合所有制改革进程的快慢节奏，这些问题的回答必以其功能定位和类型确定、并向社会公开透明为前提。

不仅如此，对于中央企业，对于地方企业，对于集团公司，对于不同层级的子公司，其是否混合所有制改革以及混合所有制改革的方案都不应该相同，所以混合所有制改革还要先行分层。“分类分层”是推进混合所有制改革的必要条件和前提。

第五，合法合规是前提。

当前有些人对混合所有制改革“耐心”不够，提出要加快推进、全面推开，这就忽视了混合所有制改革推进要以相关法律法规建设和完善为前提、需有一个从试点到法规制度建设的稳步推进的过程。混合所有制改革是一个非常复杂的系统工程，涉及股权结构设计、各方利益调整、激励机制重构、产权市场交易以及资产价值判断等企业内外的各种活动，要求确保各类产权得到平等保护，确保股权转让、增资扩股等市场信息公开透明，确保市场交易过程严格监管和第三方机构的作用有效发挥，这都需要以法律制度建设为前提。当前推进混合所有制改革的最大的障碍在于，从国有股东的角度看，国有企业推进混合所有制改革有造成国有资产流失的担忧；从非国有股东及混合所有制企业的其他利益相关者的角度看，也有在推进混合所有制改革过程中对非国有产权或其他类型的国有或公有制产权、与企业经营间接相关的各种权益受到侵犯的担忧。

如果缺乏在产权、市场、公司治理等各方面的法律制度保障，这种担忧就难以消除，国企混合所有制改革也就无法实质性推进。因此，混合所有制改革必须试点先行，在试点中不断探索完善法律制度，以法律制度建设为前提，只有法律体系相对完善后，国企混合所有制改革才能够全面实质性推进。从这个角度看，国企混合所有制改革也就不能设时间表，不能急于求成。

第六，完善法人治理结构是关键。

当前推进混合所有制改革中，很多案例都是把工作重点仅放在公司股权重构上，而忽视进一步对公司治理结构的健全和完善。国企混合所有制改革的最终目标是提高国有企业经营效率和国有资本的运行效率，实现国有资本最大程度保值增值，更有效地实现各类国有企业的使命。而这个目标实现最为直接的决定因素是企业治理结构的健全和完善。混合所有制改革是否完成，不能仅体现在是否引入了非国有股东上，还要体现在是否构建了有效的企业治理结构上。要根据刚颁布的《国务院办公厅关于进一步完善国有企业法人治理结构的指导意见》，具体化和制度化股东会、董事会、经理层、监事会和党组织的权责关系，构建高效的运行机制，保证商业类国有企业的市场主体地位和有效市场运转机制，保证加强党的领导与完善公司治理有效结合起来。

第七，激励与约束并举。

无论是从一些国有企业混合所有制改革方案设计中看，还是从一些企业推进混合所有制改革过程看，存在仅仅强调约束国企管理人员的行为，而忽视对在推进国有企业混合所有制改革中的利益相关者的激励机制的建立、不能很好地实现激励与约束相结合的问题。国有企业混合所有制改革不仅要保证国有资产保值、不流失的“底线”，还要建立有效激励机制追求国有资产的最大限度增值。一方面，混合所有制改革方案要有利于调动各利益相关方参与和推进混改，保证各方获得公平的利益分配和话语权；另一方面还要完善公司治理机制，要能够调动经营管理者、核心员工的积极性，要按照分类分层的原则对经营管理者进行选聘、考核和激励，对商业类企业要加大市场化选聘、差异化薪酬制度的力度。同时，还要从制度上设立针对个人的“改革容错机制”，改革过程中既有问责机制，也要有免责机制，要信任和鼓励企业家大胆创新。

第八，过程与结果并重。

一些地方政府因为急于推进国有企业改革，往往从政府熟悉的目标管理的方式出发，设立国有企业混合所有制改革时间表，提出在什么时间完成多少家国有企业的混合所有制改革，并将这作为国资管理部门的考核指标，层层分解改革目标任务。

国有企业混合所有制改革应该是一个企业的市场化演进的过程，而不应该是政府的行政目标管理过程。推进国有企业混合所有制改革，关键是把握推进过程的管理原则，一是要坚持与国有企业使命和战略要求相符、有协同效应的原则；二是坚持各股东方长期可持续合作目标导向原则和共赢、负责、尊重的行为原则；三是坚持企业内要健全、企业外要专业的组织机构原则；四是坚持产权交易价格符合资本市场公允价值原则；五是坚持改革过程中的合作方选择、尽职调查与评估、谈判、签署协议、资产交接、后评估等所有环节不可缺省的原则。

第 15 章 专职董事履职实践

专职董事工作设想

2010 年 9 月我报名参加集团公开选聘专职董事，其中一项要求就是谈谈当专职董事的工作设想，以前虽然当过董事，但确实不知道专职董事有何不同？结合我在中广核多家公司多个岗位的工作经历，尤其是担任广东核电合营公司董事会秘书及到其他成员企业担任董事的一些感受，写下了对专职董事岗位的理解，以下是当时对专职董事工作的一些设想：

在任职公司担任专职董事是维护集团权益，确保集团管控得到有效实施的途径之一，专职董事须按照《公司法》等法律、法规、公司章程规定或董事会、集团公司授予专职董事的授权履行职责。专职董事应贯彻执行国家法律、行政法规和公司章程，参与董事会对任职公司国有资产经营计划、投资发展、财务预决算、内部管理机构设置、制定基本管理制度以及企业重大事项决定，对公司经营的重大事项有及时向集团公司汇报和提出建议的责任。

专职董事应了解国资委对央企，特别是对集团公司的管理要求，了解集团基本管理政策和制度，了解集团发展战略和规划，维护集团利益最大化。专职董事须熟悉任职公司的经营管理情况和发展战略及规划，加强与任职公司监事会、管理层的沟通，能够提出建设性的建议或意见，对管理层提出需董事会或股东会层面解决的问题，给予及时的指导、帮助和协调，促进任职公司按照集团的发展战略和管控要求健康持续发展。作为专职董事，拟从以下几方面履行职责：

（一）学习国资委关于规范董事会运作的相关要求，从公司治理角度，关注集团公司对所投资企业的管控要求，落实任职公司董事会是否按照国资委规范董事会运作的要求实施。

（二）对新成立的公司应从投资协议和公司章程协商阶段就尽早参与，根据《公司法》和集团对所投资企业的战略考虑，对投资协议和公司章程的条款中，在不损害合作方利益的前提下，最大限度地维护集团的长远利益，实现合作共赢。对已完成公司组建并开始独立运作的企业，如投资协议和公司章程中存在对股东，尤其是存在对集团潜在不利的条款，应逐步修订完善。完善的投资协议和公司章程是企业规范运作和长远发展的基础。

（三）关注任职公司的制度体系和程序建设，了解任职公司有无建立基本管理制度？建立的基本管理制度是否符合集团的政策、制度要求？公司的经营管理和决策流程有无按既定的制度或程序执行？等等。积极开展对任职公司的调研，调研包括任职公司经营计划考核情况、投融资情况、财务预决算、内部管理机构设置及企业重大事项决定，形成调研报告。了解任职公司在发展规划和集团发展战略有无偏差，对公司经营的重大事项有及时向集团公司汇报和提出建议的责任。

（四）加强与任职公司监事会、管理层的沟通，共同关注研究公司需要董事会、监事会甚至股东决策的事项。有合作方股东的任职公司，还应主动与合作方股东任职董事积极沟通，取得共识。在公司董事会召开前对提交的董事会议案进行沟通，确保董事会议案经过充分酝酿，提出建设性的意见或建议，帮助董事会提高决策质量和决策效率。

（五）熟悉并掌握任职公司的经营管理情况，收集任职公司的行业信息，特别是同类企业或标杆企业的相关信息，积累经验数据库，为管理层及董事会提供决策参考。

（六）做好半年度、年度及聘期内的述职报告，通过在任职公司履职，将参加董事会及调研情况进行总结，向集团公司专职董事归口管理部门述职报告。

自 2011 年 1 月担任专职董事履职至今，对专职董事这个岗位有了更深的理解，这几年中广核委派我担任不同板块公司的董事，涉及业务领域包括核电、核燃料和新能源，业务遍布全球，与不同公司的董事长、总经理有了比较深入的交流，对专职董事岗位有了更深刻的理解。专职董事履行的职责虽然与董事的职责没有本质区别，但专职董事应该更加全身心的投入，要做一名合格的专职董事绝非易事，在忠诚勤勉之外，更多的是一份坚守和担当，专职董事必须坚持原则，勇于担当，对股东负责、对董事会负责、对经营层负责、对董事的荣誉负责。

这几年我和各位专职董事一起积极参加国资委、深圳证券交易所组织的各类董事培训班，2015 年 10 月我取得了 A 股上市公司独立董事任职资格。在任职公司我认真开展调查研究，对每一份议案做到仔细研究，认真研阅和思考，提出相关建议或意见。在各位专职董事共同商议和努力下，我们建立了专职董事季度报告制度，每个季度各位专职董事把任职公司需要股东关注的问题汇总，编写专职董事工作季报向股东报告，季报反映专职的董事履职情况，特别是提请股东关注专职董事对审议议案中提出的反对意见及相关理由，建立了向股东和专职董事归口部门的定期报告制度，得到股东的积极评价。此外，专职董事还建立了专职董事月度例会制度，每个月由一位专职董事牵头召集履职分享会，每个月我会向专职董事归口部门提交一份工作笔录，记录我发表的议案审议意见和相关履职活动，每年岁末每位专职董事向归口部门提交一份述职报告，报告年度履职情况。这种交流对促进专职董事更好地履职提供了极好的帮助。

深交所公司高管（独立董事）培训字（1506514725）号

上市公司高级管理人员培训

结业证

孙旭 同志于 2015 年 10 月 28 日至 2015 年 10 月 30 日参加了由中国证券监督管理委员会授权深圳证券交易所举办的上市公司高级管理人员培训班学习，共计面授30学时，成绩合格，准予结业。

深圳证券交易所
2015 年 10 月

附件1：2013年12月专职董事会议纪要

2013年12月6日下午，在科技大厦1613会议室召开专职董事月度例行会议，本次会议特邀请集团总法律顾问徐原总与专职董事座谈交流，董事会工作处就有关专职董事考核的方案的主要内容征询专职董事意见，徐总在听取专职董事履职相关意见或建设后，对董事会工作及下一步专职董事如何更好地开展工作提出了要求，纪要如下：

一、专职董事考核方案

附件2：专职董事月度工作笔录

姓名：孙旭　时间：2018年3月

一、需提请股东/联系领导关注的事项

序号	提请股东/联系领导关注的事项	后续行动建议	备注

二、董事会议案审议过程中是否提出反对意见

任职公司	议案审议背景情况	提出的反对意见及原因	备注

三、本月主要参加会议或调研

时间	履职相关活动记录	备注
3月2日	视频参加湖北/咸宁公司月度例会	
3月5日	参加节能公司2018年工作会议	
3月9日	视频参加能源国际月度例会	
3月19日下午	参加能源国际第一次董事会会议	
3月20日	参加节能公司董事会临时会议	
3月23日	主持召开节能公司董事会投资与风险管理委员会第一次会议	

附件 3：集团公司专职董事工作季报

二〇一三年第 1 期（总第 1 期）

【编者按】

根据集团《成员公司治理改进实施方案》有关精神，法律事务部在加强集团管控、改进董事会运作、完善外派董事管理等方面工作提出了许多改进建议，其中规范专职董事报告制度就是完善外派董事管理的一项重要举措。专职董事报告是从专职董事视角对任职公司经营管理和改革发展提出有价值的建议和意见，积极反映需股东支持或关注和事项。专职董事报告将有助于集团公司领导多角度了解成员公司的经营管理和改革发展状况，有助于进一步规范外派董事的报告制度。

专职董事报告拟以季度工作报告的方式报送各位领导，此期报告为首期专职董事工作季报。

附件 4：2016 年度专职董事履职报告

述职人：孙旭

任职公司：铀业公司、核技术公司、湖北/咸宁公司

陆丰公司（1—8 月）、新能源投委会（5—12 月）

2016 年是本人担任专职董事的第 6 年，根据任职公司董事会换届情况和集团公司法律事务部对专职董事的调整安排，本人 2016 年担任铀业公司、核技术公司、湖北/咸宁公司、陆丰公司（1—8 月）等 4 家公司专职董事。另外，自 2016 年 5 月起集团委派我担任新能源板块未上市资产投资决策委员会委员。按照集团公司对成员的治理管控要求，结合任职公司 2016 年度 PBA 及中期目标调整的情况，以及集团联系领导关注的重点工作和布置专职董事的专项任务，本人与成员公司经营层保持密切沟通，深入任职企业开展调查研究，积极思考任职企业的经营管理和改革发展，积极建言献策，勤勉尽责，在与任职公司经营层充分沟通的基础上，对企业经营管理中存在的问题及时提出有针对性的建议或举措，得到集团联系

领导、任职公司董事会、投委会和经营层的肯定。2016 年我所任职五家企业涉及集团“4+2”格局中“3+1”，其中核电股份所属或托管的公司 2 家，陆丰作为后续 AP1000 待审批项目受示范工程进展影响，原定 2016 年核准目标未能实现。

专职董事当更有为

专职董事是不在公司担任除董事以外其他职务的董事，属于非执行董事。作为董事会成员之一，非执行董事对执行董事起着监督、检查和协同的作用。非执行董事包括在股东职能部门任职的职务董事、股东委派的专职董事，以及从外部聘请的外部董事、独立董事。

股东内部的职务董事，若非集团公司领导层担任，往往从股东职能管控的视角来看待企业经营发展中的问题。事实上，很多职务董事都是从职能部门委派，其表决的意见大多就是部门的意见，只能表达股东在某些领域的要求。

有时职务董事表达的意见更多是站在职能管控立场，而非站在本公司立场，也不能完整代表股东真正的管控意志。这里面带来一个重要的问题：董事究竟应该站在公司的角度？还是站在股东的角度？表达意见或进行决策。两者难道不是一致的吗？按照两权分离的原则，董事会就是代表股东，这个股东指的是全体股东，董事会的决策要兼顾全体股东甚至利益相关方的利益，做出审慎的决定，从这个意义来讲，全体董事都应站在公司的角度出发考虑问题，我还记得在合营公司阶段，中华电力派来的港方同事曾和我说：“合营公司的利益高于一切，我们把合营公司的事做好了，股东就满意了！”这句话千真万确，如果合资合作方都这么想，大家站位都比较高，反之，在一个合资合作公司都各自代表自己的股东，董事会开成股东会，就会发生角色错位。

专职董事作为股东委派的全职非执行董事，其职责就是与董事会其他成员协同努力，指导管理层实现股东期望的经营目标。由于经营活动涉及的领域和问题是复杂多变的，专职董事有充分的时间参加成员企业重要会议、开展专题调研、参与项目论证、阅读相关数据文件和分析报表，掌握公司的经营动态，对董事会议案研究得更加透彻，无论是赞同或否决的表决意见会更具说服力。但由于专职董事并不在集团公司任职，对股东管控意志的把握存在一定的局限性，也没有兼职董事掌握的权力、资源和信息优势，不能像上市公司独立董事那样，以捍卫小股东的利益为己任。至于外部董事，对股东投资的行业领域虽有独到的见解，但即便表达的是客观公正的观点，却不一定是企业发展的最好选择。

专职董事在经营决策表决时，考虑更多的是既要促进发展，又要防范风险，平衡发展与风险之间的关系，更好维护股东与相关利益方的权益，不仅考虑企业年度目标的实现，也会兼顾企业中长期目标的实现有所保障。董事会全体成员密切沟通，忠诚勤勉履职，不辜负股东重托，最大程度实现或超出股东确定的经营目标，并根据年度及任期经营业绩来激励管理层，这是规范高效董事会努力的方向。专职董事与执行董事作为董事会成员的目标是共同的，专职董事与执行董事之间各抒己见，董事会审慎做出满足股东利益的最终决策，符合董事会由个人担责、集体决策的运作机制。

由于专职董事与执行董事存在在线与非在线的迥异，执行董事与专职董事难免在战略、风险、绩效考核和经理人评价等方面的感受是有差异的。这种差异再加上董事个人的行业背景及经验的不同，导致董事在表决时观点不完全相同，甚至相左也是完全正常的。需要指出的是，非执行董事无论是股东内部的兼职董事、专职董事或外部董事，对公司及其业务的认识可能会比执行董事少，但这绝非不利因素，非执行董事拥有的相关经验及其相同或近似行业的经验将可作为互补。

执行董事在公司担任经营层，董事角色与其经营层角色高度重叠，更多时候容易忽略自己董事的身份，而站在管理层来考虑问题。其在经营决策时，更多考虑的是如何确保年度目标业绩的完成，对任期目标的考虑较少，更不用说长远目标，如果中长期目标与短期利益有冲突，难免会产生抵触。而根据股东和董事会的管理授权，执行董事作为经营经营层有一定的经营自主权，有较强的资源调配能力和较完整的信息报告系统，企业的经营绩效与其职业发展相关度较高，执行董事对自己提出的议案都会极力赞同，非执行董事发出反对的“声音”需要得到更多的支持和鼓励。

目前，绝大多数国企董事会还是以执行董事为主导格局，非执行董事在战略、监督、绩效和经理人评价等方面发挥的作用有限。从国资委对规范央企董事会试点的要求看，外部独立董事应超过董事会成员半数，这意味着以执行董事为主导的董事会格局将会被打破。由于非执行董事在防范内部人控制，对执行董事起到更好的监督、检查和平衡等方面，都发挥着重要作用，专职董事等非执行董事无疑在董事会未来建设中的作用将会大有用武之地。而要实现这一点，董事会需要在战略指导、风险监督、绩效考核和经理评价等方面进一步发挥专职董事的作用。

随着规范高效董事会建设的不断推进，董事会应有的权责逐步落实，专职董事在董事会发挥战略指导、风险监督、绩效考核、经理层评价等方面应更有作为。

一、战略指导

专职董事为董事会成员，为企业的战略成功做出贡献是其重要职责。公司管理层必须具有清晰的战略方向，而非执行董事发挥他们从工作和生活阅历、特别是商业经历中得出的大量经验，来确保已选定的战略是稳健的。就该角色而言，在其认为合适的情况下，他们有权对战略的任何方面提出质疑和挑战，股东和董事会应该鼓励专职董事积极建言献策，提出具有建设性的意见或建议帮助公司制定成功的战略。

二、风险监督

董事会应完善其下设的以外部董事或专职董事为召集人的各类专业委员会的建设，为董事会审慎决策和风险监督，发挥非执行董事的价值。非执行董事可通过董事会敦促公司建立完善的内部控制系统和风险管理系统。非执行董事与执行董事的信息一定要对称，董事会获得的财务报告和各类信息必须是真实和全面的。

三、绩效考核

董事会应当使公司对已制定的企业业绩目标承担责任，企业的业绩包括年度经营目标，任期经营目标以及企业长远发展目标。外部董事、专职董事在平衡企业的短期目标与中长期目标方面应发挥积极的作用，指导管理层在完成年度目标的同时，要兼顾企业的可持续健康发展。

四、经理评价

外部董事、专职董事作为董事会成员，对管理层的业绩和能力进行评价并将评价结果应用于对经营团队的激励和约束，这本来就是董事会的职责。由于执行董事的角色重叠，应积极发挥非执行董事及董事会下设的提名委员会、薪酬与考核委员会的作用。

随着国企建设规范董事会工作的不断完善，执行董事与非执行董事在董事会中的定位和职责会更加清晰，非执行董事对规范、高效的董事会建设必定将发挥更大的作用。

第16章 创世界一流企业董事会

中广核是国务院国资委管理的中央企业，是我国最大的核电运营商、全球最大的核电建造商。中广核从大亚湾起步，经过 30 多年的发展实现了从核电单基地向跨地区、多基地的转变，完成了从单一核电产业到非核清洁能源、核燃料、金融等业务板块齐头并进的转变。中广核的发展区域由国内到国外，人员从千余人壮大到约 4 万人，主要成员公司从 3 家发展到 40 多家，发展方式也从实体经济发展为实体经济加资本运营，资产总额和经营业绩稳定保持在央企第一方阵。中广核能实现如此高速发展的原因有很多，有效的治理体系无疑是其中重要的因素之一，中广核治理之道为中广核实现从“0 到 1”到“1 到 N”的跨越奠定坚实的基础。

一、中广核“0 到 1”突变

在中国改革开放的大背景下，经中国政府和当时的港英政府批准，1985 年 1 月 26 日，由广东核电投资有限公司（出资 75%）与香港核电投资有限公司（出资 25%，香港中华电力有限公司子公司）按照《中外合资企业法》共同出资组建了当时我国最大的中外合资企业——广东核电合营有限公司（以下简称“合营公司”），负责建设运营大亚湾核电站，该项目总投资逾 40 亿美元。在创建阶段，当时的决策者高瞻远瞩，提出要“高起点起步、跨越式发展”、要“站在巨人的肩膀上跳高”，对公司治理提出了很高的要求，为公司规范高效运作指明了方向。合营公司作为新成立的项目业主公司主要通过合营合同和合营章程来规范管理和运作，同时通过借鉴合作伙伴——中华电力有限公司（以下简称“中电”）的西方企业管理制度，建立了合营公司的政策、制度和流程，如授权管理、审计、招投标采购等制度和程序，管办分离，不相容职务分离等制衡机制在治理和管理层比较早地建立起来，与中电派遣到合营公司的港方员工、项目合作方EDF等外籍专家在一起共事，“按规则办事、按程序办事”严谨、诚信、透明成为合营公司全员的工作习惯。正是这些良好习惯和行为不断传承和长期坚守，形成了中广核基业长青的优秀基因，为中广核良好治理之道奠定了坚实的基础。

合营公司实行董事会领导下的总经理负责制，董事会是公司的最高经营决策机构，董事会成员有17名（中方12名，港方5名），董事分散在各地，但由于公司治理结构及权责清晰，董事会运作规范高效，无论是召开董事会、执委会，还是董事会议案传签都做到及时高效，董事会上即使出现分歧，也都能按照合营公司利益至上的原则协商解决，而非大股东或单个股东的意志行事，很好地保障了核电工程建设和运营的顺利推进。严谨的合营公司章程及三方签署的合营合同起到了至关重要的作用，合营公司较早的按照现代企业制度规范依法经营，1994年大亚湾核电站建成投产，大亚湾核电站实现了“质量好，工期短，投资省，效益高”的目标，合营公司的良好实践为国内大型工程项目建设提供了很好的参考经验，其管理方式得到广泛认可，大亚湾被称为“改革开放的产物”和“现代企业制度的有益尝试”，这是对中广核治理的高度评价。按照一切有利于合营公司的利益出发，而非大股东或单个股东的意志行事，这是中广核从大亚湾起步，实现“从0到1”突变的根本所在。

二、中广核从“1到N”的裂变

在成功建设大亚湾核电站得基础上，为实现“以核养核、滚动发展”“以核为主、多种经营”。中国广东核电集团有限公司按照中核45%、广东省45%、电力部10%的股权比例于1994年9月成立，此股权比例实乃一种行政性安排，由于股权结构带来的问题，董事会并没能实际运作。成立集团后，中广核迎来快速发展阶段，当时的决策者提出“生产、建设和科研，要呈三角形稳定发展”，集团进入了从单基地到多基地、从生产型企业到经营型企业的二次创业阶段，中广核步入从“1 到 N”的裂变，核电业务实现了翻版加改进式的快速增长，2007 年中广核明确将非核清洁能源作为第二主业，加速发展，其他配套业务也稳步推进，通过持续“创业、创新、创优”，形成了多基地、多项目、多产业、多元化能源投资主体的发展格局。

2013 年 12 月国务院国资委、中核集团、恒健投资（由广东国资委控股）通过股东会决议，确定中广核股东调整为国资委和恒健投资，国资委持股 90%，恒健投资持股 10%。2014 年 7 月中广核集团董事会成立，产权管理理顺后，按照国资委要求，中广核于 2017 年 7 月开展董事会试点，以建设规范董事会制度为契机，进一步深化企业改革，强化创新驱动，全面推进落实发展战略，推进企业健康、可持续发展。

随着从“1 到 N”步伐的加快，如何从“抢速度、上规模”向“抓质量、讲效益”转型，特别是 2011 年 3 月福岛核事故带来的对整个行业的巨大冲击，集团发展进入后福岛时代，中广核最高层提出要“敬畏核安全、守护核安全”，确立了“一次把事情做好”的核心价值观，着力强调务实、精简、高效之风。推动集团公司及各成员企业董事会成为企业改革发展的决策中心和推动主体。中广核从“1 到 N”的裂变依靠的是治理管控与行政管控相结合的“组合拳”，一方面切实履行好董事会的科学决策职责，提高重大决策质量，确保企业各项重大决策客观、科学，推动企业全面深化改革，不断提升竞争力。另一方面涉及安全、审计、财务等集团直管业务，中广核实现跨法人治理结构垂直管理，如开展“领导在现场”的安全巡视实践，强调“管生产管经营必须管安全”，在财务管理上加强全集团资金集中管理，实现财务共享等，形成各负其责、协调运转、有效制衡的公司治理结构，准确把握议大事、把方向、防风险的基本职责定位，形成集团董事会、总部及各成员企业董事会、经营层之间密切沟通、相互配合的良好互动。

三、中广核的治理特色

中广核的治理模式起源于合营公司时代，在参考借鉴西方治理体系的基础上，结合中国企业的实际情况，开展了现代企业制度的有益尝试和探索，形成了有中广核特色的治理体系。作为以核电为主业的清洁能源企业，中广核遵循始终坚持“安全第一、质量第一、追求卓越”的基本原则，“一次把事情做好”已成为中广核人的价值观和行为准则，这些理念在治理模式中同样得到充分体现，这为董事会规范、严谨、诚信、透明、高效的建设目标奠定了良好的基础。

随着业务的不断发展，中广核核电、非核清洁能源、核燃料、金融及其他相关业务出现了境内外不同业态及所有制形式下的多元化治理模式，2008 年 2 月，中国广核制定了《改进和完善集团成员公司治理总体方案》，明确公司治理的主要工作目标：一是建立适应集团战略发展要求和各类成员公司不同发展阶段实际的、科学、高效的成员公司治理结构；既要适应市场竞争要求，提高决策效率和质量，促进公司发展，又要做到风险可控；正确处理股东、董事会和经营层的关系，明确和落实董事会的责任和与之相适应的权力与义务，最大限度调动决策层、经营层和员工的积极性，形成合力，共同促进公司发展。在设计成员公司治理模式时，引入“分类分阶段治理”概念，成员公司的治理模式主要依据公司业态、所有制形式、发展阶段等统筹考虑，避免完全一样的治理模式管理境内外不同业态和所有制形式的企业（见图 12）。

集团公司对成员公司的治理，其核心是董事会治理，在中广核实践中，综合考虑了股东会、董事会、党委会、监事会、经营层组成的公司治理架构，同时根据国务院国资委对央企的要求，把党组织的领导核心和政治核心作用在公司章程中体现，融入法人治理结构中，目前主要有以下四种治理架构（配置模式），其优势与弊端简要分析比较如下：

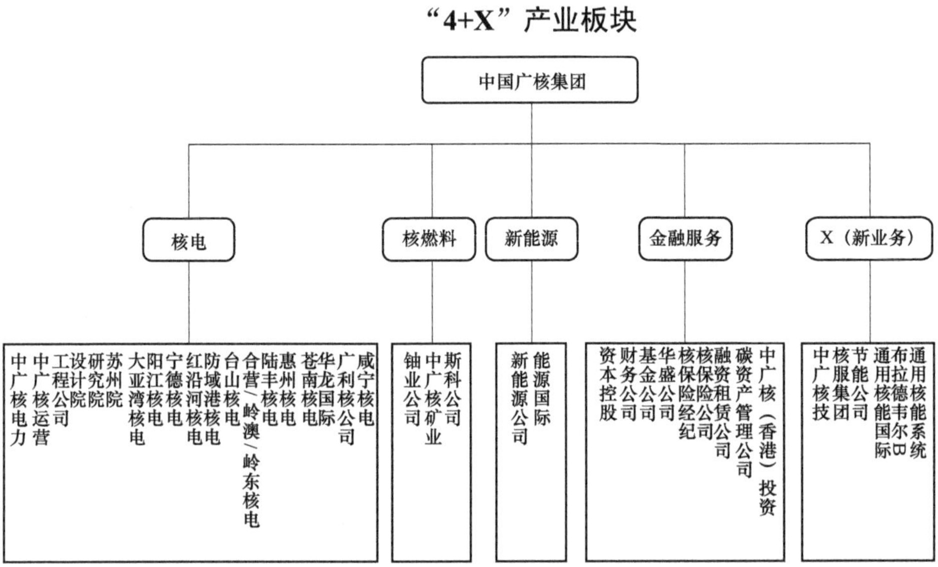

图 12　中广核集团管治架构

治理架构	优势	弊端
党政一肩挑，党委书记、董事长和总经理一肩挑。	决策效率高，市场竞争力强，适合于规模小、市场化竞争激烈的公司。	权力过于集中，会带来较大的制衡风险； 经营管理上没有足够的时间和精力投入； 较少从股东角度前瞻性思考战略策略。
董事长、总经理分设： 方式 A——董事长（专职）兼任党委书记； 方式 B——董事长（集团领导兼），总经理兼任党委书记。	方式 A：避免了董事长、党委书记两个角色的冲突，又有利相互制衡。又由于“两龙并行”并非平起平坐，故解决了公司多“中心”问题。	两种职务间的权责关系，尤其谁是公司“第一责任人”容易界定模糊。
	方式 B：上下级关系，权责关系清晰。	行政色彩浓厚。
董事长、党委书记分设，董事长（兼任总经理、党委副书记）、党委书记（兼任副总经理）。	有利于权力相互制衡，分散权力合适，规避一些风险。	突出弊端是“核心”与“中心”难以成为“一心”，决策效率有下降；容易产生下属不知所从，市场适应性差。
党委书记、董事长和总经理分设，三人兼任。	更加有利相互制衡。	权力过于分散，决策效率更为降低，且使企业呈多中心状态，十分不利于公司治理和公司的经营管理。

中广核积极探索国际化跨文化治理模式，2016 年 9 月 15 日，英国政府正式批准中广核和法国电力集团（以下简称“法电”）（EDF）合作建设英国欣克利角 C（HPC）核电站，后续还将参与赛兹韦尔 C（SZC）和布拉德韦尔 B（BRB）两个核电站的建设。其中，前两个项目均由法电（EDF）主导，采用其反应堆技术，第三个实施的项目布拉德韦尔 B 将使用我国拥有自主知识产权的“华龙一号”技术，被誉为“一带一路”上的明珠项目。第一个 HPC 核电站，总装机容量 320 万千瓦，预计总投资超过 200 亿欧元，由法电（EDF）（承担该项目 66.5%出资）和中广核（承担 33.5%出资）按比例分摊投资建设，目前项目已正式开工。

中广核已在英国组建英国项目群公司，以加强英国项目的推进和管理。中广核先熟悉市场、熟悉规则，然后再由配角变为主角，实现华丽转身。2010 年 12 月底中广核成功收购香港美亚电力，其拥有在运控股装机容量近 250 万千瓦，2014 年 10 月通过整合改组成功在香港成功上市（股票代码：01811.HK），建立起与国际接轨的资本运营平台，凭借美亚电力多个境外在运项目及其开发计划和投资机会，加快开拓国际市场步伐。2015 年 11 月又成功收购马来西亚埃德拉电力公司，该公司拥有控股在运装机容量 662 万千瓦，项目储备超过 1 000 万千瓦。

截至目前，中广核非核清洁能源海外在运控股装机容量近 1 100 万千瓦，成为我国在海外装机容量最大的能源企业之一，在运电力项目分布在法国、英国、比利时、北爱尔兰、韩国、马来西亚、埃及、孟加拉、阿联酋、巴基斯坦等“一带一路”沿线十多个国家和地区。成立于 2014 年 6 月的中广核欧洲能源公司重点收购开发欧洲新能源，经过四年高速发展，其发展规模方面在法国已是排位第五，已具有一定的影响力和知名度。

目前，中广核已在北美洲、欧洲、非洲、中亚及东南亚和香港地区成立了境外区域性管理公司，作为央企境外企业，合法合规从业尤为重要。一方面，要遵守所在国或地区当地法律法规要求，另一方面，还须认真贯彻国家、集团公司有关的规定和制度。对于新设立的境外平台管理公司，如英国核电群公司和欧洲能源公司等，一开始就按上述两个方面的要求制定治理模式和管控方案；对于收购类标的公司，如马来西亚埃德拉电力公司，主要从治理整合、管控协同、文化融合、风险防范等方面，优化调整治理架构，通过股东会和董事会实现公司治理管控；从平稳过渡和经营稳定方面，调整充实经营层团队成员、授权管理，以及梳理管理制度流程体系等。

面对国内外差异，各国或地区监管机构及政策的不同，中广核已初步建立了适用于境外公司的跨文化治理体系与管控模式，为提高盈利能力，以更加优良的经营业绩回报投资者、客户、员工及社会，进行了有效实践，取得较好成效。

中广核核技术发展股份有限公司（以下简称“中广核技”）积极探索央企混合所有制试点，中广核技作为中广核首家 A 股上市公司通过与民营企业合作仅用 3 年时间跃居行业龙头，成为我国非动力核技术应用第一股，中广核的实践表明“央企资源+民企活力”的混改模式可实现共赢。即将国企的资源优势和民企的市场化优势结合起来，克服单纯国企和单纯民企的不足，形成有效的市场竞争活力。

以上各种配置模式各具特色，各有千秋，无论哪种配置，只要它能有利于建立健全董事会制度、有利于推进企业健康有序发展，就是最适合的模式。目前集团绝大多数成员公司采用制衡的模式来配置治理架构。根据各成员公司的业务特点、发展阶段、经营模式、发展规模和经营风险等，集团公司对成员公司的治理架构不断进行优化调整，以更好地促进成员公司的稳健发展。

2013 年 8 月集团公司颁发了《成员公司治理改进实施方案》，进一步明确党委书记、董事长、总经理的权责权限、绩效考核关系；强化专职董事制度；加强监督管理，明确安全、财务和审计三条监控线采取垂直管理模式。2015 年中国广核集团按照资本投资公司的定位，从治理顶层角度进一步优化了治理管控架构，构建了集团总部、产业板块和业务单元二级管控和三层架构。涉及安全、审计等职能领域实行跨法人治理结构垂直管控。

在董事会授权方面，按公司类别及所处发展阶段来确定董事会授权，授权的大小不仅与公司业务类型相关，更与集团要求、市场需要、客户需求、公司所处发展阶段及所处的治理水平相关；通过颁布《公司治理授权管理规定》，明确股东会、董事会、总经理的权责，制定了按市场化运作配套的基本制度，包括《集团成员公司董事会管理制度》《集团成员公司外派董事管理制度》《董事会运作规则》《总经理办公会运作规则》《投资管理制度》《公司信息报告制度》和《公司内部审计制度》等，制度体系和流程的建立是保证各层级在授权范围内行事的基础，满足了决策、执行和监督相分离、管办相分离、不相容职务相分离等制衡机制的要求，在中广核内部制度高于一切，任何人不能凌驾在制度之上。

在明确各成员公司董事会授权的基础上，属于董事会授权范围内的事项，由董事会自行决策。将集团公司职能管控与成员公司董事会治理管控有机结合，集团公司职能部门通过制定和完善政策制度为成员公司董事会决策提供依据、监督检查制度执行以及委派职务行为兼职董事等方式，把职能管控的要求，通过股东会和派出董事在成员公司董事会上进行表决，即一切按公司法和公司章程办理，改变以往通过行政命令和议案审议的方式代替成员公司决策的做法，规避了大股东更大的“连带责任”，而负有较小的“有限责任”。这种治理结构和制度安排，既加强了集团的控制力，又能做到合法合规。授权管理规定实行闭环管理，根据国家政策环境、市场状况、风险级别和执行情况进行全面评估，依据评估结果进行优化调整。

2008 年中广核集团推行专职董事制度，并首先在高度市场化公司试行。从集团内外公开选聘具有优秀职业操守、很强专业能力、丰富管理经验的人员作为专职董事担任成员公司的董事，每位专职董事担任三至四家成员公司的董事（或董事长）。专职董事不在集团公司和成员公司中担任其他任何职务，不在任职公司获取任何报酬。此类成员公司董事会按专业互补配置，在专职董事（含专职董事长）占过半多数的董事会的有效践行下，提高了决策效率效果，进一步增强了公司的风险管理与控制的能力。专职董事之所以能够发挥重要作用，与专职董事的客观性和独立性有关。专职董事不在集团公司和成员公司中担任其他任何职务，仅在任职公司担任董事，从而更有利于从客观、独立视角掌握任职公司所处行业的市场环境和国家相关产业政策，往往能够和善于从公司战略的高度，充分、妥善考虑任职公司的发展；专职董事具有充分的履职时间和精力保证，能够深入任职公司开展专题调研、参与项目论证、研阅相关资料文件，通过列席任职公司的相关重要会议，从而全面掌握任职公司的经营动态，由于专职董事对董事会议案研究得更加透彻，无论是赞同或否决的意见往往都更具有说服力，在董事会上专职董事对董事会议案的意见往往受到与会者的高度重视。专职董事能够高效履职，除了专职董事自身因素外，还得益于集团公司为专职董事履职创造的良好条件，制度设计降低了信息不对称，集团公司及成员公司都建立了有效的信息披露制度，使专职董事能够及时掌握任职公司的重要信息，专职董事要求任职公司提供的信息资料一般都能得到及时反馈，这对专职董事高效履职很有帮助。此外，集团公司还创造条件安排专职董事参加集团年度工作会议等重要会议，以利于专职董事在任职公司贯彻集团战略发展要求和管控目标。

党的十六大报告把“决策、执行、监督相协调”作为深化体制改革思路正式提出后，政府相关部门、央企在项目投资时普遍采用此决策机制。2016 年 8 月，国务院办公厅颁发《关于建立国有企业违规经营投资责任追究制度的意见》【国办发（2016）63 号】，实行终身问责制。决策与执行分离，责任划分、界限比较清晰，有利于实行问责。一直以来，中广核实行的是“决策、执行、监督”三种职能相分离（简称“三分离制”）并使其形成相互制约、相互协调的运行机制，即董事会负责决策，经营团队负责执行，一定程度上解决了“一言堂决策”“想当然决策”“人情化决策”以及腐败等问题。

集团要求，成员公司董事会要履行监督职责，承担风险管理责任。成员公司董事会以审计为抓手，与集团公司的安全、财务和审计三条垂直监控线有机结合，打组合拳，重点对“集团的战略目标落实、年度经营考核指标、重大投资项目决策执行、资金财务安全、安质环管理和合法合规经营”等 6 项重大事项，进行监督，其中监督重大投资项目决策与执行是重中之重。

集团对投资活动进行闭环管理，坚持“谁投资，谁受益，谁负责”的原则，投资主体要对项目的投资管理与经营绩效承担责任。在集团层面成立投资评审中心，统一对重大投资项目进行评审并出具投资评审报告制度，供决策机构参考，在评审中心出具正式意见前，授权决策机构不得开会决策；制定投资决策后监督执行规定，要求对“每个项目都要督办”，重点对执行过程中可能出现的工程拖期、投资超概等重大事项进行动态跟踪，督促执行团队针对存在问题提出解决措施，如期解决，并定期向董事会报告；同时还建立健全了投资后评价与责任追究机制，切实落实投资管理责任。从实践结果看，“三分离制”兼顾平衡了“质量、效率和制衡”三者关系，取得较好实效，实现了集团“规模与效益”并举发展的阶段性战略目标，期间不仅大大提高了决策效率效果，也没有出现决策环节导致的违规、违法问题。中广核在治理管控方面的实践和探索为中央企业建立中国特色现代企业制度提供了有益的经验。

四、创世界一流企业董事会

《财富》杂志每年按照销售收入的大小排列出全球最大的 500 家公司。这个榜单同时也发布这些公司的年利润、总资产、所有者权益以及员工人数等一共 5 组数据。依据这个榜单的数据，人们可以了解全球规模最大的企业的最新发展趋势。通过纵向的不同年份的比较和横向的不同企业的比较，人们既可以了解企业的兴衰，也可以了解企业的销售收益率和净资产收益率以及全员生产效率等经营质量的变化。

2018 年 7 月，《财富》杂志公布了 2018 年的世界 500 强排行榜。在上榜公司数量上，中国企业达到了 120 家，稳居第二，已经非常接近美国 126 家，远超第三位的日本 52 家（见图 13）。

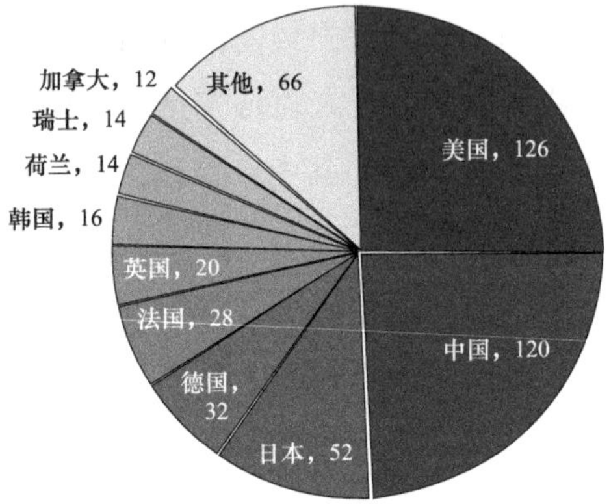

图 13　2018 年世界 500 强分布

中国企业能够比肩汇丰、小摩、沃尔玛、埃克森美孚、丰田汽车以及通用电气等世界顶级企业，既是中国经济崛起的必然结果，又是中国走向世界经济强国的内在要求。翻开工业革命以来的历史，会发现，当一国崛起为世界经济强国时，必然出现一批具有国际竞争力的大企业，如德国在 19 世纪末成为世界经济新贵时，就涌现了西门子、巴斯夫、拜耳、克虏伯等一大批世界级企业。同样，当美国在 20 世纪上半叶开始主导世界经济时，通用汽车、通用电气、福特、杜邦、IBM 等业界巨子便应运而生了。类似的情形还出现在战后的日本。所以经济学家把跨国公司的出现以及在战后获得的巨大发展视为“同蒸汽机、电力和汽车的应用推广一样，是现代经济史上的一件重大事件”。今天，判断一国是不是世界经济强国，在一定程度上主要看该国是否拥有以及拥有多少世界级的跨国公司。美国对许多发展中国家的经济控制在一定程度上就是通过其遍布世界的富可敌国的跨国公司来实现的。

中国要成为世界经济强国，就必须拥有自己的一流企业，这样才能避免在国际分工、资源配置和财富分配等方面受制于人。随着中国经济的快速发展，中国在从能源、加工制造到金融贸易乃至信息技术等众多领域涌现出一批跨国公司，它们占据约 1/4 世界 500 强的世界级企业，有的虽然离世界 500 强尚有一段距离，但长势喜人，在不久的将来有望跻身世界一流企业。此外，还有一大批目前规模还较小，但已具有一定国际竞争力的中国公司，它们尽管暂时还不具备抗衡世界巨头的实力，但它们惊人的扩张速度已经令这些世界级同行感到后生可畏。

在欣喜的同时，我们要清醒的认识到中国企业与世界一流企业仍存在较大的差距。严格意义上说，中国迄今还没有一家具有一流竞争力的世界级跨国公司。真正意义上的跨国公司是指能在全球范围内对资源进行最佳配置的企业，而中国目前的顶级企业中无论是已进入世界 500 强的中石化、中石油，还是近年来表现抢眼的海尔和华为，它们都还没有强大到可以在全球配置资源的程度。特别是已经进入世界 500 强的中国一汽、上海汽车以及联想等制造业企业，只是从业务结构来看具备了跨国公司的雏形，还远不是真正意义上的跨国公司。产品结构中真正自有品牌的比例不足 30%，超过 70%还是扮演供应链制造商的角色。而在中国的产业越来越深地被纳入国际分工体系之中的今天，如果中国的一流企业没有形成自己的核心技术能力，没有自己的知识产权，没有自己的品牌，不能占据价值链中的高端环节，则这种规模意义上的一流企业依然处在低质高耗、低附加值的产业链条中，就意味着有可能受制于人，处于被动和跟随的地位，甚至在全球经济竞争中就有被边缘化的危险！

中国一流企业面临的另一个问题是中国企业尚没有能力管理好跨地区、跨国、跨文化、跨民族的员工团队和企业。的确，尽管你在国内的经营已经非常优秀了，并不能保证你在世界其他地方也同样优秀。这当中经营方式和管理方面的适应性最重要。而欧美和日本等国的跨国公司在这方面已经建立了一套相当成熟的管理体系，来避免国际化过程中出现的“水土不服”问题。如它们在中国市场上取得成功的一个重要因素就是十分强调本土化，也就是中国化。不过这种看起来似乎十分简单的“本土化”战略真正实施起来却殊为不易，它不仅需要企业建立一套制度化的管理系统，还需要一大批具有跨国家和跨文化管理能力的全球化经理人来实施。而这种国际化的人力资源恰恰是中国一流企业目前最欠缺的。

中国一流企业与世界级同行的差距还表现为忽视对企业持续竞争优势的打造。中国企业最大的竞争优势在于成本低。而且这种杀伤力极强的竞争利器确实为中国企业赢得了许多“世界第一”。但是这种低成本的竞争恐怕很难为中国企业赢得持续的竞争优势。因为随着中国经济的不断发展，劳动力成本也在逐渐上升，中国企业不可能一直享有这种低成本优势。不过，中国企业的真正危机恐怕还不在于此，而在于忽视对企业持续竞争优势的培育。众所周知，一个成熟的跨国公司必须重视建立与比较竞争优势相匹配的核心竞争力，也就是说你既要重视巩固和发展现有的核心业务，甚至应该把已有的竞争优势发挥到极致，但更要重视建立能确保自己在今后 10 年乃至 20 年的市场竞争中处于领先地位的新业务，这样企业才能在吐故纳新中保持永续发展。但就中国企业的现状来看，还没有多少企业真正把开辟前瞻性的业务作为打造持续竞争优势的头等大事来抓，不少企业往往是在现有业务已经不能支持企业发展的情况下，才开始下决心开辟前瞻性的业务；但此时他们的世界级同行恐怕早已在这些业务领域筑起了一道难以逾越的高墙。

《基业长青》的作者吉姆·柯林斯在《从优秀到卓越》中介绍了他和其研究团队对 1965 年以来《财富》杂志历年的 500 强企业进行了规模巨大的调查研究，筛选出 11 家取得巨大成功的卓越企业，并与未能实现跨越的公司对照分析，得出的结论优秀的企业并非卓越的企业，世界 500 强也并非都算得上世界一流企业，企业做强做大做优，还要做久，要真正成为有全球竞争力的世界一流企业，必须实现从优秀到卓越的跨越。国务院国资委提出了《做强做优中央企业、培育具有国际竞争力的世界一流企业要素指引》，列出了具有国际竞争力的世界一流企业应具备的十三个要素：

1. 建立起规范健全的法人治理结构

通过母公司及所属企业股份制改革，建立健全集团各级企业法人治理结构，股东（大）会、董事会、监事会、经理层各司其职、规范运作，形成科学决策、有效制衡的公司治理机制。集团母公司层面建立起外部董事占多数的规范董事会，能够充分发挥董事会对重大问题决策、经理层选聘、重大项目投资、大额资金使用和风险管控等方面的作用。

母公司及所属企业董事会之间权责明确、运转协调，形成科学高效的集权分权体制。

2. 主业突出，具有较强核心竞争力

主业符合国家产业政策，并在国资委核定的主业范围内，通过并购重组、内部整合、精干主业、剥离辅业等优化配置资源，使优势资源向主业集中，产业布局和产业链结构不断完善，能够充分发挥协同效应和整体优势。

3. 自主创新能力强，拥有自主知识产权的核心技术

在具有自主知识产权或发明专利的核心技术上有重要突破，在国际标准的制订上有一定话语权。科研开发成果转化率较高，建立起产学研或官产学研一体化的创新体系。科技创新能力与科研投入占销售收入比重在国内同行业处于领先水平并接近或达到国际先进水平。通过专利保护、商标注册保护、版权登记等措施加强对自主创新成果的及时有效管理。

4. 发展战略性新兴产业具有明显优势

提出有利于发挥企业潜能、优势的战略性新兴产业发展规划，研究分析切实可行，具有资金、人才、组织体系等方面保障能力，能够将战略性新兴产业与原有产业优势相结合，明确发展重点及采取的措施，具有通过并购、联盟等方式加快发展的能力。

5. 国际化经营与运作能力较强，跨国指数较高

以全球性战略思维制定企业发展战略，在市场开拓、业务范围、资源占有、收入比重等方面国际化程度较高，本土化经营与管理取得实效，拥有较强的全球资源配置能力和资本运作能力，综合指标及各项关键指标处于国际同行业先进水平，社会形象良好，国际影响力较强。

6. 拥有国际知名品牌

建立起完善的企业形象识别系统（CIS），通过一流的产品设计、质量服务管理、市场营销和商业模式有效实施品牌战略、开拓国际市场，实现与目标市场的高度契合，品牌文化建设成效显著，在国际上拥有知名统一的企业品牌或系列产品品牌，在价格和用户满意度上具有明显优势。

7. 具有合理的经济规模与较强的盈利能力

充分发挥规模效应，进入财富 500 强的企业排序有明显提升或地位不断巩固，盈利能力达到国际一流水平，给予股东较好的回报。

8. 内部改革适应国际竞争要求，激励约束机制健全

充分引入竞争机制，人事、劳动、分配三项制度不断深化，形成职工能进能出、人员能上能下、收入能增能减的体制机制，保护职工合法权益。薪酬体系和用人制度能够吸引、留住并充分发挥人才特别是核心技术研发人才、高级管理人才以及国际化人才的积极性创造性。

9. 集中有效的集团管控模式

根据企业经营特点建立起科学有效的管控模式，集团管理层级原则上控制在三级以内。实行集中有效的资金管理、采购管理、投资管理、资本运营等，建立起并不断完善以战略管控、财务管控和关键经营要素管控为核心的经营管控体系，对境外企业和境外资产管控有效，拥有较强的集团控制力。

10. 风险管理体系完善，拥有较强风险管控能力

有健全的全面风险管理体系，制定并不断完善《企业风险管理手册》及《企业内部控制手册》。董事会在重大决策的风险管理中能够发挥主导作用，风险管理职能部门健全，落实全员岗位风险管理责任。风险管理信息系统完善，业务流程和管理流程科学高效，有良好的风险预警体系及相应的应急预案。在集团范围内建立起风险管理报告制度，对重大风险管控良好。

11. 管理信息化处于较高水平

充分利用信息化手段实现全集团范围内的管理制度化、制度流程化、流程信息化，建立起管理透明、系统集成、授权受控、安全可靠的管理信息系统，实现管控一体化，借助信息化平台不断增强企业管理创新能力。利用管理信息化手段实现对境外子企业的实时有效管控。管理信息化做到适时、高效、可持续、经济成本合理。

12. 重视领导力建设，建立起学习型组织

重视全员在岗学习和离岗培训，加强以培育具有全球化视野、国际

化经营运作能力和管理技术复合型为重点的企业经营层人员领导力建设，高端人才队伍与国际基本接轨，领导人员素质和经营层队伍结构不断优化。

13. 具有先进独特的企业文化和较强的社会责任

从世界一流企业的发展路径来看，强大的组织功能、扁平化的管理、整体效应的发挥、品牌形象的彰显等是其基业长青的必由之路。这些企业的管理优势是通过发挥其一流的战略型董事会的价值得以体现，董事会引领发展，企业表现出卓越的管控能力、优化的组织架构、先进的管理理念和优秀的企业文化。世界一流企业的发展，都经历过一系列的并购和战略重组，这些企业不断根据市场变化，构建“适应性”组织确保企业持续健康是发展的关键因素。

推进国际化进程是世界一流企业发展的必然，跨国公司从董事会层面加大战略管控，实现全球业务有效协同。世界一流企业的增长方式，都经历过从规模性增长向效益性增长的转变。董事会发挥战略引领作用，以打造企业核心竞争力为基础，延伸与整合产业链，更多地释放企业内部的能量，将“资金、技术、管理”老“三位一体”的组织管控模式向“战略引领、品牌价值、商业模式”新“三位一体”的模式转变。在国际化经营方面，世界一流企业大多是国际化指数很高的跨国公司，即企业本国之外的营业收入、利润、资产和员工要占到一半以上。具有很强的全球资源配置能力、很强的全球价值创造能力、很强的全球资本运作能力。在管理信息化方面，世界一流企业拥有很高的信息化水平，并借助信息化平台，建立起卓越的运营、管控能力和精细化管理。信息化水平高低成为能否达到世界一流管理水平的重要标志。

世界一流企业组织架构随着企业经营规模的不断扩大，内控风险的不断增加，企业要建立更加扁平、更加有效、更加有力的一体化组织架构，始终将经营管理模式的适应性、组织架构及体系的针对性、内部制度的安排、国际经营人才的培养吸纳、管理机制的再造、市场营销的总体规划、业务流程的创新设计、管理方式及手段的集成推广等方面作为工作重点，更加突出管控的组织一体化。

伟大的公司需要伟大的董事会。打造全球竞争力，争创新时代的世界一流企业，呼唤世界一流的企业董事会，董事会必须站在全球的视野来审视，与世界一流企业进行全方位对标，寻找在企业经营、组织方式、管理理念等方面的差距与不足。在管理创新能力方面，世界一流企业高度重视管理创新尤其是商业模式创新和新管理方法的应用，并成为保持竞争优势的锐利武器。管理就是生产力，管理创新就是竞争力，而重大开创性的商业模式的创新，可以成为引领竞争优势的核心竞争力。在风险管理方面，世界一流企业往往都有健全的内部控制体系，建有比较完善的风险预警指标系统，备有全套的应急预案，建起统一的风险管理文化，从董事会战略决策层面到具体业务层面都严格执行风险管理流程，利用信息化手段将风险管理固化于业务流程，并与日常经营管理融为一体。

争创世界一流的企业首先要创建世界一流企业的董事会，不断打造企业全球竞争力，国有企业坚持以深化改革为动力，以加强管理和管理创新为基础，洞悉产业发展趋势和前景，抓好企业战略管理，进一步推进信息化建设，提升现代化管理水平，加强风险管理，增强企业管控能力，积极稳妥实施国际化经营，提高全球配置资源能力，围绕做强做优，加强对标工作，早日实现具有全球竞争力的世界一流企业宏伟目标而不懈奋斗。

新时期中广核以建设世界一流清洁能源企业的为发展总目标，围绕中国特色现代企业制度的基本思路、体制总体构架，以及需要努力加强和提升的工作，实现高质量发展。中广核的总体战略是贯彻落实国家的政策法规，依法治企，坚持“一次把事情做好”（见图 14），深刻把握高质量发展要求，深刻把握全球能源革命趋势，以先进技术和创新为驱动，以清洁能源供应和能源生态系统集成为方向，以推进产业和区域协调发展、国际化发展和打造国际品牌为路径，以中国特色现代企业制度为保障，建设具有全球竞争力的世界一流清洁能源企业。

中广核将全面贯彻落实“创新、协调、绿色、开放、共享”的发展理念，立足先进能源技术开发商、清洁低碳能源供应商、能源生态系统集成商，建设中国特色现代国有企业制度，在核能、非核清洁能源等可再生发电发展成具有全球竞争力的领军企业和著名品牌，成为具有全球竞争力的世界一流清洁能源企业。

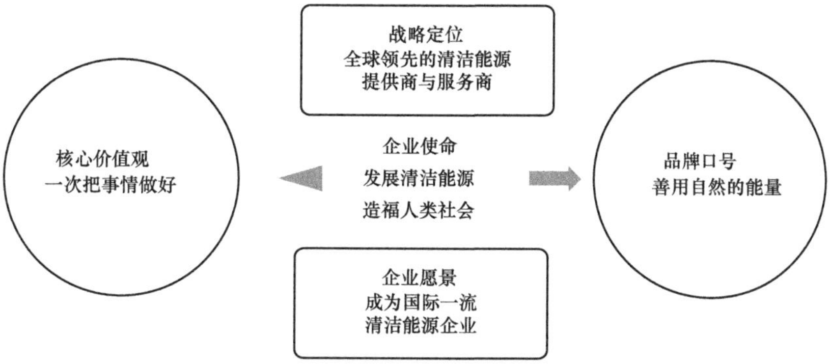

图14　中广核的核心价值观“一次把事情做好”

新时代，中广核将加快推动核能产业安全高效发展，非核清洁能源产业实现一流，推动国际化发展，形成区域战略性支点，为中广核建设世界一流清洁能源企业提供产业支撑。新时代，中广核要加快建设中国特色现代国有企业制度，建设世界一流企业董事会，为引领中广核高质量发展提供体制机制保障。

为适应新时代、新战略的要求，中广核要不断加强和提升战略研判和科学决策的能力，市场开拓和政府关系沟通维护的能力，创新发展和成果落地的能力，统筹协调和集约管理的能力，资本运作、公司治理和持续盈利的能力，以及考核激励和关爱员工的能力。

中广核 30 多年的发展，就是始终坚持沿着中国特色现代国有企业制度这条路探索前进，中广核人把建设和营运核电站安全至上标准和理念应用到对治理管控，运用到企业的经营管理的决策和执行各环节，这是中广核独特的企业文化和管治体系。中广核将紧密围绕国家“两个一百年”的奋斗目标，围绕国家“一带一路”倡议，将中央企业讲政治与讲经营结合好，开发好两个市场、统筹好两种资源。中广核要坚决打好防范化解重大风险、精准脱贫、污染防治三大攻坚战，确保责任不落空、任务都落地。要加强党的领导，激励广大干部员工担当作为，提振干事创业的精气神。

中广核治理之道永远在路上，只有坚持将中广核优秀文化传承和引领，坚持中国特色现代国有企业制度，才能不断适应国有企业全面深化改革发展的新要求，适应中央企业混合所有制企业发展的新要求，适应中广核全球化经营面临的新挑战。相信中广核一流的董事会一定能够全面引领中广核成为全球竞争力的世界一流清洁能源企业，成就几代中广核人为之奋斗的百年老店梦想。

学习笔记：中广核“十三五”应对电改的粗浅思考

2015 年 3 月中共中央、国务院下发关于进一步深化电力体制改革的若干意见（中发【2015】9 号），同年 11 月国家发展改革委、国家能源局发出关于电力体制改革配套文件（发改经体【2015】2752 号）。电改政策和配套文件的内容涉及输配电价改革、电力市场建设、组建交易机构、放开发电计划、推进售电侧改革、加强自备电厂监管等，并批复云、贵两省开展电改综合试点，京、广组建电力交易中心。这标志着新电改制度建设初步完成、正式进入落地实操阶段，对电力企业、工商用户、经济发展的影响深远。中广核经过三十年的不懈努力，集团发电业务不断增长，核电板块在建规模全球第一，控股在运容量位居国内首位，新能源板块发电规模快速增长，燃料板块业务取得突破性进展，三个板块已对接国际资本市场，核技术应用即将在国内 A 股上市。根据集团的发展规划，集团在十三五将完成新的跨越，实现再造两个中广核的目标，成为具备国际竞争力的清洁能源提供商和服务商。

面对新的形势，中广核在“十三五”期间能否主动借力电改，趋利避害，挖潜商机，实现可持续发展，是我们每一位管理者需要深思的问题。以下是本人结合集团“十三五”规划，结合电改政策和配套文件的一些思考。

一、电改对中广核的机遇和挑战分析

电改突出开放多元的“民主革命”和电力市场化改革，通过发电侧、售电侧的放开，让电力行业从半封闭走向更开放，从集中单一走向分散多元，让电力消费者拥有选择权、参与权，利好社会，但对发电企业实质是“双刃剑”：做好是机遇，挑战是常态，比拼的是市场竞争力，将重塑发电企业，对经营理念、安全管理、发展空间、商业模式、客户服务等产生重大而又深刻的影响。

对中广核的机遇方面，今后中广核除了投资运营核电和其他清洁能源外，还可以进入售电侧、新增配电领域、跨省跨区域输电项目，全产业链经营，发展空间更大，配售电将成为新的业务板块与效益增长点。分布式能源、新能源、微电网发展会有配套激励措施保障。非核清洁能源及跨省跨区送受电量中的国家计划、地方政府协议电量会拥有一、二类优先发电权。对技术经济指标处于区域电力市场平均先进水平或短缺区域的发电企业，将会抢得商机。

对中广核的挑战方面，我国电力市场目前普遍过剩，出现了部分地区弃风、弃光，甚至弃核的现象，建立在带基荷运行以保障核电经济性的商业模式受到巨大挑战，非核清洁能源也面临电力消纳困扰。地方政府为稳增长主动参与电改的积极性高，今后电力市场竞争将更加充分、直接、激烈，发电企业“打折让利”将成新常态；电价机制仍双轨运行，只保留少量政府定价电量，直接交易、市场化定价电量比重大幅度增加，电价信号变得敏感，电力需求侧反映将会变得积极；逐步取消电价交叉补贴，电价结构更趋合理，但电价水平将明显下降；突破计划电量、政府定价的传统模式，影响发电企业盈亏的因素更加复杂多变，不确定性大幅度增加；面对市场竞争与广大用户，中广核将告别单纯发电时代，将进入横向多源互补、纵向源-网-荷-储-用协调的能源互联网时代，工作更富挑战与激情。

从长远看，随着电力装机刚性增长与电力需求迅速下降矛盾的日益尖锐，电力市场化竞争将进一步加剧，发电行业未来必然出现盈亏分化，中广核只有积极应对，才能保持持续的竞争优势，实现基业长青。

二、中广核应对电改的相关举措建议

关于集团应对电改的相关措施，有几点建议：

（1）安全是中广核必须坚守的生命底线，应该清醒地认识到，随着集团四大板块业务的迅猛发展，安全管理的形势不容乐观，我们长期以来一直倡导的“安全第一、质量第一、追求卓越”的理念和“一次把事情做好”的核心价值观，应该通过建立起有效的安全管理体系和权责及相应的问责机制真正落地，让中广核人从敬畏核安全延伸到敬畏安全，让安全成为一名合格中广核人的习惯，真正做到“内化于心，外化于行”，没有安全就没有中广核的今天，更没有中广核的未来，安全是中广核的核心竞争力之一。

（2）进一步提高核电的经济性、加快实施电力市场营销工作。新电改的根本要求是市场化改革，这对核电的经济性提出了更高的要求，从发电的供给侧入手，从核电项目的设计、工程建设、生产运维、燃料、技术支持和服务，如何做好协同？如何在每一个环节降低度电成本？最终体现在核电的经济性上。与此同时，我们要加快实施电力市场营销工作，过去我们的客户是电网，现在我们的客户不仅是电网，还有广大的用户，我们要面对不确定的需求侧进入售电侧，应尽快建立集团的电力市场营销体系和制度，加快培养集团的营销队伍，促进核电的营销问题。

（3）善于利用能源互联网满足集团全球化布局跨界经营的需要，更好地实现各板块协同。

国家非常重视以“互联网+”智慧能源为代表的能源产业创新发展。能源供应和安全关系我国经济社会发展的全局，推动互联网与能源行业深度融合，促进智慧能源发展，提高能源绿色、低碳、智能发展水平，走出一条清洁、高效、安全、可持续的能源发展之路，才能为经济社会持续健康发展提供支撑。“互联网+”智慧能源（也称能源互联网）是一种互联网与能源生产、传输、存储、消费以及能源市场深度融合的能源产业发展新形态，是信息网络、能量网络和能源网络的高度整合。推进能源互联网建设，是推进中广核十三五能源革命、构建清洁低碳、安全高效、现代能源体系的重要举措。能源互联网可以借助智慧电站项目和现有的网络平台，以智慧核电站、核燃料循环、非核清洁能源等接入为主要任务，以互联网、通信技术为实现工具，通过能源调节系统对可再生能源和分布式能源基础设施实施广域优化协调，实现核电、核燃料、非核清洁能源等多种能源形式优化互补，提高能源使用效率，实现信息、能量和能源三者之间双向流动共享，实现智慧中广核。

后 记

20 世纪 60 年代出生的我们这一代人是幸运的，我们幸运地见证了改革开放 40 年的历程，我有幸成为中广核的一员，见证中广核的发展奇迹。中广核之所以能够取得今天如此辉煌的成就，坚持和贯彻“安全第一、质量第一、追求卓越”的基本原则是关键，规范的公司治理和有效的董事会运作是根本。

1990 年 6 月我从江苏借调来到广东，在大亚湾核电站项目业主广东核电合营公司工作，在中广核工作已近 30 年，见证并亲历了中广核的一些重要发展阶段。从 1995 年 6 月接替薛正军先生担任广东核电合营公司董事会秘书起，开始与董事会打交道已有 20 余年，我首次当董事是在 2002 年 9 月成立惠桥公司，2011 年 1 月到中广核集团以董事为职业，成为一名专职董事，期间集团委派我担任核电板块工程公司、宁德公司、陆丰公司、湖北公司和咸宁公司、核燃料板块铀业公司、中广核矿业（01164、HK）、新能源板块新能源控股公司（投资决策委员会）、能源国际公司以及中广核技、节能公司、核服集团等十余家企业专职董事及董事会相关专业委员会成员。这些企业横跨集团不同业务领域，股权结构和发展阶段各不相同，我接触到不同类型和特点的董事会，并有机会向这些企业的董事会成员和经营团队学习。

在大亚湾时代有幸得到昝云龙、周展麟、曾文星等前辈的指教，终身受益。担任专职董事后有机会得到施兵、胡文泉、卢长申、周振兴等集团领导和职业董事长的指导，这些前辈和同事为中广核的事业做出了卓越的贡献，为董事会规范高效运作和董事履职行为树立了榜样，从他们身上，我感受到做一名董事的光荣使命和神圣职责。我对董事会发挥战略引领和有效监督，对董事在董事会中的职责和价值也有了更深切的认识和体会。偶有学习、调研或心得感悟常与他们交流探讨，数篇发表在《董事会》的文章观点和见解得到广泛认同，期盼通过本书与同行继续探讨和交流。中广核要成为世界一流的清洁能源企业，中广核集团及其成员企业董事会、各位董事必将更有所作为，衷心期盼通过本书的介绍，有助于董事会文化得到更为广泛的弘扬，让董事会规范高效运作成为一种常态！衷心祝愿中广核未来发展更加美好！

我要衷心感谢集团党委常委、副总经理施兵先生百忙之中抽空为此书作序言，衷心感谢集团原党组成员、副总经理濮继龙先生为此书审核并写引言，两位先生都是我敬佩的领导，我十分有幸得到他们长期的关心、指导和帮助。他们对我的谬赞实不敢当，且当做是对我更好的鞭策和鼓励吧！我要衷心感谢集团各职能部门对我履职提供的诸多帮助。当然，我还要衷心感谢我的家人对我写作的鼓励和支持，我的夫人王兵女士是位古筝老师，女儿孙碧欣是位钢琴老师，她们以鉴赏音乐作品的敏锐视角，来感受结构是否合理，文笔是否流畅，她们给了我很好的建议和意见！本书以一位专职董事的履职、调研、学习和思考，讲述从大亚湾起步到今天中广核全球化发展下多种治理模式的演变，难免存在一定的局限性和很多不足，希望大家批评指正！

孙 旭

2018 年 9 月 29 日于长湾领导力中心

附录 1　上市公司独立董事履职指引

第一章　总　则

第一条　目的和依据

为指导和促进上市公司独立董事规范、尽责履职，充分发挥独立董事在上市公司治理中的作用，根据《中华人民共和国公司法》（以下简称《公司法》）、《中华人民共和国证券法》（以下简称《证券法》）、中国证券监督管理委员会（以下简称中国证监会）《关于在上市公司中建立独立董事制度的指导意见》以及上海证券交易所、深圳证券交易所上市公司上市规则、规范运作指引等相关法律、行政法规、部门规章、规范性文件、自律规则等，制定本指引。

第二条　适用范围

本指引为上市公司独立董事的工作履职指导，适用于中华人民共和国境内（不含港、澳、台地区）上市的中国上市公司协会会员的独立董事，非中国上市公司协会会员的独立董事可参照执行。

第二章　独立董事的义务

第三条　公司董事一般义务

上市公司独立董事负有《公司法》《证券法》《上市公司治理准则》及其他法律、行政法规、部门规章与公司章程要求董事的一般义务。对上市公司及全体股东负有诚信、勤勉的义务。

第四条　保持独立性的义务

独立董事应当保持身份和履职的独立性。在履职过程中，不应受上市公司控股股东、实际控制人及其他与公司存在利害关系的单位或个人的影响；当发生对身份独立性构成影响的情形时，独立董事应当及时通知公司并进行消除，无法符合独立性条件的，应当提出辞职。

第五条 任职时间和数量限制

独立董事每届任期与该上市公司其他董事任期相同，任期届满，连选可以连任，但是连任时间不得超过六年。

独立董事应当确保有足够的时间和精力有效履行职责，原则上最多在五家上市公司兼任独立董事。

第六条 日常工作联系和最低工作时限

独立董事应当与上市公司管理层特别是董事会秘书进行及时充分沟通，确保工作顺利开展。

独立董事每年为所任职上市公司有效工作的时间原则上不少于十五个工作日，包括出席股东大会、董事会及各专门委员会会议，对公司生产经营状况、管理和内部控制等制度的建设及执行情况、董事会决议执行情况等进行调查，与公司管理层进行工作讨论，对公司重大投资、生产、建设项目进行实地调研等。每年到上市公司的现场工作时间原则上不应少于十个工作日。

第七条 参加培训

拟任独立董事在首次受聘上市公司独立董事前，原则上至少参加一次证券监管部门认可的相关机构组织的任职培训。在首次受聘后的两年内，建议至少每年参加一次后续培训。此后，应当至少每两年参加一次后续培训。

培训后，独立董事应当能够充分了解公司治理的基本原则，上市公司运作的法律框架，独立董事的职责与责任，上市公司信息披露和关联交易监管等具体规则，具备内控与风险防范意识和基本的财务报表阅读和理解能力。

第八条 出席董事会及股东大会会议

独立董事应当亲自出席董事会会议。确实因故无法亲自出席会议的，应当事先审阅会议材料，形成明确的意见，书面委托本上市公司的其他独立董事代为出席。

委托书应当载明：

（一）委托人和受托人的姓名；

（二）对受托人的授权范围；

（三）委托人对每项议案表决意向的指示；

（四）委托人的签字、日期。

独立董事不应出具空白委托书，也不宜对受托人进行全权委托。授权应当一事一授。

受托出席董事会会议的独立董事应当向会议主持人提交书面委托书，在会议签到簿上说明受托出席的情况。一名独立董事不得在一次董事会会议上接受超过两名独立董事的委托。

委托其他独立董事对上市公司定期报告代为签署书面确认意见的，应当在委托书中进行专门授权。

独立董事应亲自出席上市公司股东大会，与公司股东进行现场沟通。

第九条 关注上市公司相关信息

独立董事应重点关注上市公司的关联交易、对外担保、募集资金使用、社会公众股股东保护、并购重组、重大投融资活动、财务管理、经营层薪酬、利润分配和信息披露等事项，必要时应根据有关规定主动提议召开董事会、提交股东大会审议或者聘请会计事务所审计相关事项。

独立董事应当核查上市公司公告的董事会决议内容，并主动关注有关上市公司的报道及信息，在发现有可能对公司的发展、证券的交易价格产生较大影响的报道或传闻时，需及时向公司进行书面质询，并在必要时督促公司做出书面说明或公开澄清。上市公司未能应独立董事的要求及时进行说明或者澄清的，独立董事可自行采取调查措施，并可向中国证监会派出机构或公司证券上市地的证券交易所报告。

第十条 对上市公司及相关主体进行监督和调查

独立董事发现上市公司或相关主体存在下列情形时，应主动进行调查，了解情况：

（一）重大事项未按规定提交董事会或股东大会审议；

（二）公司未及时或适当地履行信息披露义务；

（三）公司发布的信息中可能存在虚假记载、误导性陈述或重大遗漏；

（四）公司生产经营可能违反法律、法规或者公司章程；

（五）其他涉嫌违法违规或损害社会公众股东权益的情形。

确认上述情形确实存在的，独立董事应立即督促上市公司或相关主体进行改正，并向中国证监会派出机构和公司证券上市地的证券交易所报告。

第十一条 制作工作笔录

独立董事应当通过《独立董事工作笔录》对其履行职责的情况进行书面记载。

独立董事对上市公司生产经营状况、管理和内部控制等制度的建设及执行情况、董事会决议执行情况等进行调查，与公司管理层进行讨论、参加公司董事会发表意见的情况及对公司重大投资、生产、建设项目进行实地调研等，应制作工作笔录。

独立董事履职的工作底稿及上市公司向独立董事提供的资料，独立董事应当妥善保存。

第十二条 提交年度述职报告

上市公司年度股东大会召开时，独立董事需提交年度述职报告，对自身履行职责的情况进行说明，并重点关注上市公司的内部控制、规范运作以及中小投资者权益保护等公司治理事项。

独立董事的述职报告应当包含以下内容：

（一）上一年度出席董事会会议及股东大会会议的情况，包括未亲自出席会议的原因及次数；

（二）在董事会会议上发表意见和参与表决的情况，包括投出弃权或者反对票的情况及原因；

（三）对公司生产经营、制度建设、董事会决议执行情况等进行调查，与公司管理层进行讨论，对公司重大投资、生产、建设项目进行实地调研的情况；

（四）在保护社会公众股东合法权益方面所做的工作；

（五）参加培训的情况；

（六）按照相关法规、规章、规范性文件和公司章程履行独立董事职务所做的其他工作；

（七）对其是否仍然符合独立性的规定，其候选人声明与承诺事项是否发生变化等情形的自查结论。

独立董事的述职报告应以工作笔录作为依据，对履行职责的时间、地点、工作内容、后续跟进等进行具体描述，由本人签字确认后交公司连同年度股东大会资料共同存档保管。

第十三条 辞职后的义务

独立董事任期内辞职导致独立董事成员低于法定规定人数的，在改选出新的独立董事就任前，原独立董事应当依法继续履行独立董事职务。

第三章 独立董事的职权

第十四条 上市公司董事的一般职权

上市公司独立董事享有《公司法》《证券法》及其他法律、行政法规、部门规章、规则与公司章程赋予董事的一般职权。

第十五条 独立董事的特别职权

独立董事履职的特别职权主要包括：

（一）重大关联交易事项的事先认可权；

（二）聘用或解聘会计师事务所的提议权，及对公司聘用或解聘会计师事务所的事先认可权；

（三）召开临时股东大会的提议权；

（四）召开董事会会议的提议权；

（五）在股东大会召开前公开向股东征集投票权；

（六）必要时，独立聘请外部审计机构及咨询机构等对公司的具体事项进行审计和咨询；

（七）法律、行政法规、部门规章、规范性文件、公司章程以及本章其他条文赋予的其他职权。

独立董事行使上述第（一）至（五）项职权应取得全体独立董事的半数以上同意，行使上述第（六）项职权应取得全体独立董事同意。

第十六条 就上市公司相关事项发表独立意见

需独立董事向上市公司董事会或股东大会发表独立意见的事项包括：

（一）对外担保；

（二）重大关联交易；

（三）董事的提名、任免；

（四）聘任或者解聘高级管理人员；

（五）公司董事、高级管理人员的薪酬和股权激励计划；

（六）变更募集资金用途；

（七）制定资本公积金转增股本预案；

（八）制定利润分配政策、利润分配方案及现金分红方案；

（九）因会计准则变更以外的原因作出会计政策、会计估计变更或重大会计差错更正；

（十）上市公司的财务会计报告被注册会计师出具非标准无保留审计意见；

（十一）会计师事务所的聘用及解聘；

（十二）上市公司管理层收购；

（十三）上市公司重大资产重组；

（十四）上市公司以集中竞价交易方式回购股份；

（十五）上市公司内部控制评价报告；

（十六）上市公司承诺相关方的承诺变更方案；

（十七）上市公司优先股发行对公司各类股东权益的影响；

（十八）法律、行政法规、部门规章、规范性文件及公司章程规定的或中国证监会认定的其他事项；

（十九）独立董事认为可能损害上市公司及其中小股东权益的其他事项。

第十七条 参与董事会专门委员会工作

如果上市公司董事会下设审计、提名、薪酬与考核等专门委员会，独立董事有权参与各专门委员会工作，担任召集人并在委员会成员中占有二分之一以上的比例。

第十八条 上市公司相关信息的知情权

独立董事享有与上市公司其他董事同等的知情权。凡须经董事会审议的事项，上市公司必须按法定的时间通知独立董事并同时提供真实、准确、完整的资料，独立董事认为资料不充分的，可以要求补充。

第十九条 要求上市公司及相关人员为履职提供支持和协助

独立董事有权要求上市公司其他董事、监事、高级管理人员积极配合、保证其依法行使职权，有权要求上市公司董事会秘书负责与独立董事沟通、联络、传递资料，直接为独立董事履行职责提供支持和协助。

支持和协助的事项包括：

（一）定期通报并及时报送公司运营情况，介绍与公司相关的市场和产业发展状况，提供其他相关材料和信息，保证独立董事与其他董事同等的知情权，必要时可组织独立董事实地考察；

（二）为独立董事提供本公司发布公开信息的信息披露报刊或提供相应的电子资料；

（三）配合独立董事进行与履职相关的调查；

（四）独立董事认为有必要召开仅由独立董事参加的会议时，为其提供会议场所等便利；

（五）积极配合独立董事调阅相关材料，并通过安排实地考察、组织证券服务机构汇报等方式，为独立董事履职提供必要的支持和便利；

（六）要求公司相关负责人员配合对独立董事工作笔录中涉及的与独立董事履职有关的重大事项签字确认；

（七）独立董事履职过程中需上市公司提供的其他与履职相关的便利和配合。

独立董事行使法律法规所赋予的职权遭遇阻碍时，可向公司董事会说明情况，要求管理层或董事会秘书予以配合，并将遭遇阻碍的事实、具体情形和解决状况记录进行工作笔录。

第二十条 要求上市公司支付津贴、承担履职费用

独立董事有权从公司领取适当津贴，但法规、政策另有规定时除外。除以上津贴外，独立董事不应从其所任职的上市公司及其附属企业、控股股东或有利害关系的机构和人员取得包括股权激励在内的任何额外的、未予披露的其他利益。

独立董事履职过程中支出的合理费用由所任职的上市公司承担。独立董事有权向上市公司借支履职相关的合理费用。

独立董事享有要求上市公司为其履行独立董事职责购买责任保险的权利。

第二十一条 要求上市公司对未被采纳的议案进行披露

涉及本指引第十五条第 1—6 项的相关提议，由半数以上独立董事提出但未被上市公司采纳的，独立董事有权要求上市公司将有关情况进行披露并说明不予采纳的理由。

独立董事可要求上市公司将上述提议的具体情况报中国证监会派出机构或公司证券上市地的证券交易所备案，公司不进行备案的，独立董事可记入工作笔录，并可将相关情况向中国证监会派出机构或公司证券上市地的证券交易所报告。

第二十二条 不被无故提前免除职务的权利

除独立董事出现《公司法》、中国证监会《关于在上市公司中建立独立董事制度的指导意见》以及上海、深圳证券交易所的上市公司上市规则、规范运作指引等相关法律、法规、规章和规则中规定的不得担任公司董事或独立董事的情形外，独立董事任期届满前，上市公司不得无故免除独立董事职务。提前免职的，被免职的独立董事认为公司的免职理由不当的，可以作出公开声明。

第二十三条 进行报告、公开发表声明的权利

当上市公司存在以下严重妨碍独立董事履行职责行使职权的情形时，独立董事可向中国证监会、中国证监会派出机构和公司证券上市地的证券

交易所报告。

（一）被公司免职，本人认为免职理由不当的；

（二）由于公司存在妨碍独立董事依法行使职权的情形，致使独立董事辞职的；

（三）董事会会议材料不充分，两名以上独立董事书面要求延期召开董事会会议或延期审议相关事项的提议未被采纳的；

（四）对公司涉嫌违法违规行为向董事会报告后，董事会未采取有效措施的；

（五）严重妨碍独立董事行使职权的其他情形。

第四章　独立董事职权的行使

第二十四条　董事会专门委员会工作的开展

董事会专门委员会是独立董事行使职权的重要形式。

担任董事会专门委员会主任委员的独立董事，应当按照职责权限组织开展专门委员会工作，按照规定及时召开专门委员会会议形成委员会意见，或者根据董事会授权对专门事项提出审议意见。

担任董事会专门委员会委员的独立董事，应当持续深入跟踪专门委员会职责范围内上市公司经营管理的相关事项，参加专门委员会会议，并按照议事规则及时提出相关意见，提请专门委员会予以关注。

第二十五条　对外担保事项的审议

独立董事审查对外担保事项，应当了解被担保对象的基本情况，如经营和财务状况、资信情况、纳税情况等，对被担保方偿还债务的能力以及反担保方的实际承担能力作出审慎判断。必要时，独立董事可要求上市公司提供作出判断所需的相关信息。

独立董事应特别关注董事会会议相关审议内容及程序是否符合相关监管机构所发布的规范性文件中的要求。

独立董事应就公司对外担保事项发表独立意见，并特别注意，应在年度报告中，对上市公司累计和当期对外担保情况、执行上述规定情况进行专项说明，并发表独立意见。必要时可聘请会计师事务所或其他证券中介服务机构对公司累计和当期对外担保情况进行核查。上市公司违规对外担保事项得到纠正时，独立董事应出具专项意见。独立董事在审议上市公司对外担保事项过程中，如发现异常情况，应及时提请公司董事会采取相应措施，必要时可向中国证监会派出机构或公司证券上市地的证券交易所报告。

第二十六条　关联交易事项的审议

独立董事应当定期查阅上市公司与关联方之间的交易和资金往来情况，了解公司是否存在被控股股东及其关联方占用、转移资金、资产及其他资源的现象。如发现异常情况，应及时提请公司董事会采取相应措施，必要时向中国证监会派出机构或公司证券上市地的证券交易所报告。

独立董事应关注公司在重大关联交易事项提交董事会讨论前，是否事先取得了独立董事的认可。

对于具体关联交易事项，独立董事应当对关联交易的必要性、真实意图、对上市公司的影响作出审慎判断，特别关注交易的定价政策及定价依据、评估值的公允性、交易标的的成交价格与账面值或评估值之间的关系等。

董事会审议关联交易事项时，独立董事需要特别关注其是否符合相关监管机构所发布的规定及证券交易所上市规则中的相关要求，以及公司是否存在通过关联交易非关联化的方式掩盖关联交易实质的行为。

独立董事应在上述工作基础上对上市公司重大关联交易发表独立意见。对上市公司关联方以资抵债方案，应发表独立意见或者聘请有证券期货相关业务资格的中介机构出具独立财务顾问报告。上市公司存在向控股股东或者其关联人提供资金的事项情形，相关事项情形已消除的，独立董事需出具专项意见。

第二十七条　募集资金项目和使用事项的审议

独立董事应当关注上市公司募集资金的使用情况，督促公司建立募集资金管理和使用制度，以控制投资风险、保障资金安全。

独立董事应当关注募集资金实际使用情况与上市公司信息披露情况是否存在差异。经半数以上独立董事同意后，可以聘请会计师事务所对募集资金存放与使用情况出具鉴证报告。

对于上市公司需要改变募集资金用途、将闲置资金用于投资、暂时用于补充流动资金、以募集资金置换预先投入募投项目的自筹资金的，独立董事发表独立意见之前，应当要求相关人员就新投资项目的可行性、项目收益及风险预测等进行分析论证。

独立董事应在上述工作基础上对上市公司变更募集资金用途发表独立意见。

第二十八条 利润分配事项的审议

独立董事应当参与制定上市公司的利润分配政策，关注上市公司利润分配及现金分红方案是否有利于上市公司的长期发展，并重点关注是否符合中小投资者的利益。

独立董事可以征集中小股东的意见，提出分红提案，并直接提交董事会审议。

上市公司本年度内盈利但董事会未提出现金利润分配预案的，独立董事需要督促公司在年度报告中披露原因及未用于分红的资金留存公司的用途。

独立董事应当就上市公司制定利润分配政策、利润分配方案及现金分红方案发表独立意见。特别是对于不进行现金分红、现金分红水平较低以及大比例现金分红等情况，应出具明确意见。

第二十九条 会计师事务所聘用或解聘的审议

上市公司聘用或解聘会计师事务所时，独立董事应关注所聘用会计师事务所是否已经取得“从事证券相关业务许可证”，解聘原会计师事务所的理由是否正当，相关议案事前是否已经半数以上独立董事认可，是否由董事会审计委员会提出意见，是否在提交董事会讨论通过后提交股东大会进行决定，并将上述事项进行记录。

第三十条 管理层收购事项的审议

上市公司董事、监事、高级管理人员、员工或者其所控制或委托的法人、其他组织、自然人，拟对本公司进行收购时，独立董事应当聘请独立财务顾问就收购出具并公告专业意见，并审查该项收购内容与程序是否符合中国证监会及其他监管机构所发布的相关规定。

第三十一条　年度报告的审议

独立董事可督促上市公司建立独立董事年度报告工作制度，包括汇报和沟通制度。

在公司年度报告的编制和披露过程中，独立董事应会同公司审计委员会，切实履行职责，依法做到勤勉尽责。具体包括：

（一）独立董事需要及时听取上市公司管理层和财务总监关于公司本年度生产经营、规范运作及财务方面的情况和投、融资活动等重大事项进展情况的汇报，并尽量亲自参与有关重大项目的实地考察。

听取汇报时，独立董事需注意，上市公司管理层的汇报是否包括但不限于以下内容，并记入工作笔录：

1. 本年度生产经营情况，特别是经营状况或环境发生的变化；

2. 公司财务状况；

3. 募集资金的使用；

4. 重大投资情况；

5. 融资情况；

6. 关联交易情况；

7. 对外担保情况；

8. 其他有关规范运作的情况。

（二）在年审会计师事务所进场审计前，独立董事应当会同公司审计委员会参加与年审注册会计师的见面会，和会计师就审计工作小组的人员构成、审计计划、风险判断、风险及舞弊的测试和评价方法、本年度审计重点进行沟通，尤其特别关注公司的业绩预告及其更正情况。独立董事应关注公司是否及时安排前述见面会并提供相关支持，并将上述情况计入工作笔录。

（三）在年审注册会计师出具初步审计意见后和审议年度报告的董事会会议召开前，独立董事应当再次参加与年审注册会计师见面会，与注册会计师沟通初审意见。独立董事应关注公司是否及时安排前述见面会并提供相关支持，并记入工作笔录。

（四）对于审议年度报告的董事会会议，独立董事需要关注董事会会议召开的程序、相关事项的提议程序、决策权限、表决程序、回避事宜、议案材料的提交时间和完备性，如发现与召开董事会会议相关规定不符或判断依据不足的情形，应提出补充、整改和延期召开会议的意见。

上述沟通过程、意见及要求均应形成书面记录并由相关当事人签字认可。

第三十二条 其他事项的审议

（一）对于上市公司董事会的授权事项，独立董事需要对授权的范围、合法性、合理性和风险进行审慎判断，充分关注是否超出公司章程、股东大会议事规则和董事会议事规则等规定的授权范围，授权事项是否存在重大风险；

（二）独立董事应当就公司董事的提名、任免发表独立意见。在审议公司董事的提名、任免时，独立董事应关注相关人员的提名、任免程序是否可能对公司经营、发展和公司治理造成重大影响，程序是否完备；

（三）独立董事应当就公司聘任或解聘高级管理人员发表独立意见。在审议聘任或解聘高级管理人员时，独立董事应关注相关人员的提名、任免程序是否可能对公司经营、发展和公司治理造成重大影响，程序是否完备；

（四）独立董事应当就上市公司董事、高级管理人员的薪酬和股权激励计划发表独立意见。在审议公司董事、高级管理人员的薪酬和股权激励计划时，独立董事应关注公司董事、高级管理人员的薪酬和股权激励计划是否有利于公司的长期发展，是否存在可能损害中小投资者利益的情形。独立董事应当就股权激励计划向所有股东征集委托投票权；

（五）独立董事应当就公司制定资本公积金转增股本预案发表独立意

见。在审议公司制定资本公积金转增股本预案时，独立董事应关注相关预案是否有利于公司的长期发展，是否可能损害中小投资者的利益；

（六）独立董事应当就公司因会计准则变更以外的原因作出会计政策、会计估算变更或重大会计差错更正发表独立意见。对于会计政策变更、会计估计变更、重大会计差错更正等事项，独立董事需要关注上市公司是否存在利用上述事项调节各期利润误导投资者的情形；

（七）独立董事应当就上市公司重大资产重组事项发表独立意见。对于重大资产重组及相关资产评估事项，独立董事需要在充分了解相关信息的基础上，关注资产评估机构的独立性、评估假设前提的合理性、评估定价的公允性和重组方案的合理合规性；构成关联交易的，独立董事可以另行聘请独立财务顾问就本次交易对上市公司非关联股东的影响发表意见；

（八）独立董事应当就上市公司以集中竞价交易方式回购股份事项发表独立意见。对于上市公司回购事项，独立董事应审查其回购方案是否符合相关法律、法规、规章及规则的规定；结合回购股份的目的、股价表现、公司价值分析等因素，分析回购的必要性；结合回购股份所需资金及其来源等因素，分析回购股份方案的可行性。

（九）独立董事应当对上市公司内部控制评价报告发表独立意见。对于上市公司内部控制评价报告，独立董事应关注报告内容是否完备，相关情况是否属实；

（十）独立董事应当对上市公司承诺相关方的承诺变更方案发表独立意见。上市公司承诺相关方（上市公司及其实际控制人、股东、关联方、收购人）在首次公开发行股票、再融资、股改、并购重组以及公司治理专项活动等过程中作出的解决同业竞争、资产注入、股权激励、解决产权瑕疵等各项承诺事项，除因相关法律法规、政策变化、自然灾害等自身无法控制的客观原因外，承诺确已无法履行或者履行承诺不利于维护上市公司权益时，对于承诺相关方提出的变更方案独立董事应发表意见。发表意见时，独立董事应关注相关变更方案是否合法合规、是否有利于保护上市公司或其他投资者的利益。

（十一）发行优先股的上市公司的独立董事应当就上市公司优先股发行对公司各类股东权益的影响发表专项意见。对优先股发行发表意见时，独立董事应关注相关发行程序和信息披露是否合规，发行优先股募集资金是否有明确用途，是否与公司业务范围、经营规模相匹配，优先股发行价格和票面股息率是否公允、合理，是否可能损害股东或其他利益相关方的合法利益。

第三十三条 独立董事发表独立意见的内容

独立董事对上市公司的相关事项出具的独立意见应当至少包括下列内容：

（一）相关事项的基本情况；

（二）发表意见的依据，包括所履行的程序、核查的文件、现场检查的内容等；

（三）相关事项的合法合规性；

（四）对上市公司和中小投资者权益的影响、可能存在的风险以及公司采取的措施是否有效；

（五）发表的结论性意见，如果对相关事项提出保留意见、反对意见或无法发表意见的，相关独立董事应当明确说明理由。

独立董事应当对出具的独立意见签字确认，并将上述意见及时报告董事会。

第五章 参加董事会会议的履职要求

第三十四条 会议通知的审查

独立董事在接到董事会会议通知后，应对会议通知的程序、形式及内容的合法性进行审查，发现不符合规定的，可向董事会秘书提出质询，督促其予以解释或进行纠正。

第三十五条 会议资料的了解

独立董事应当于会前充分知悉会议审议事项，了解与之相关的会计和法律等知识。

独立董事有权要求上市公司按照公司章程的规定提前通知相关事项，并同时提供完整的定稿资料。独立董事认为公司应当提供履职所需的其他材料的，有权敦促公司进行补充。独立董事有权要求公司董事会秘书及其他负责人员就相关事宜提供协助。

独立董事可以向公司管理层、董事会各专门委员会、董事会办事机构、与审议事项相关的中介服务机构等机构和人员了解决策所需要的信息，也可以在会前向会议主持人建议邀请相关机构代表或相关人员到会说明有关情况。

第三十六条 会前的询问和调查

独立董事认为董事会会议提案内容不明确、不具体或者有关材料不充分的，可直接或通过董事会秘书要求提案人补充资料或作出进一步说明。

独立董事在对董事会会议审议事项作出判断前，可对上市公司相关事项进行了解或调查，并要求公司给予积极配合。

第三十七条 聘请中介服务机构

独立董事可聘请会计师事务所或其他中介服务机构对上市公司的相关情况进行核查。如发现异常情况，应及时提请公司董事会采取相应措施，必要时可向中国证监会派出机构或公司证券上市地的证券交易所报告。

第三十八条 延期开会和审议

两名或两名以上独立董事认为会议审议事项资料不充分或论证不明确时，可联名书面向董事会提议延期召开董事会会议或延期审议相关事项。

对于审议年度报告的董事会会议，如果延期开会或延期审议可能导致年度报告不能如期披露，独立董事应要求上市公司立即向公司证券上市地的证券交易所报告。

第三十九条 出席会议

独立董事应当亲自出席公司董事会会议。

独立董事因故无法亲自出席会议的，应当事先审阅会议材料，形成明确的意见，书面委托本上市公司的其他独立董事代为出席。相关要求见本指引第十八条相关内容。

独立董事未亲自参加董事会会议而又未委托其他独立董事代为出席的，在会后仍应及时审查会议决议及记录。独立董事对会议决议内容或程序的合法性有疑问的，应当向相关人员提出质询；发现董事会会议决议违法的，应当立即要求上市公司纠正；公司拒不纠正的，应及时将具体情况报告中国证监会派出机构或公司证券上市地的证券交易所。

第四十条 对会议程序的监督

董事会举行会议的过程中，独立董事应当关注会议程序是否合法，防止会议程序出现瑕疵。独立董事应特别关注董事会会议的下列程序性规则是否得到严格遵守：

（一）按照规定需要经独立董事事先认可或由董事会专门委员会事前审查的提案，未经独立董事书面认可或由专门委员会向董事会会议提交书面审核意见，不应在董事会会议上审议；

（二）会议具体议程一经确定，不应随意增减议题或变更议题顺序，也不应任意合并或分拆议题；

（三）除征得全体与会董事的一致同意外，董事会会议不应对会议通知中未列明的提案作出决议。

第四十一条 对会议形式的监督

独立董事应当关注董事会会议形式是否符合下列相关要求：

（一）董事会会议原则上应以现场召开的方式进行；

（二）对需要以董事会决议的方式审议通过，但董事之间交流讨论的必要性不大的议案，可以进行通信表决。法律、法规、规范性文件及公司章程另有规定或应由三分之二以上董事通过的重大议案，不宜采用通信表决方式召开会议；

（三）通信表决事项原则上应在表决前五日内送达全体董事，并应提供会议议题的相关背景资料和有助于董事作出决策的相关信息和数据。以通讯表决方式召开董事会会议的，公司应当在保障董事充分表达意见的基础上，采取逐项表决的方式，不应要求董事对多个事项进行一次表决。

第四十二条 发表与会意见

独立董事应当认真阅读会议相关材料，在充分了解情况的基础上独立、客观、审慎地发表意见，并确保所发表的意见或其要点在董事会记录中得以记载。

独立董事应当就会议审议事项发表以下几类意见之一：同意；弃权并说明理由；反对意见并说明理由；无法发表意见及其障碍。

第四十三条 暂缓表决

两名以上独立董事认为会议议题不明确、不具体，或者因会议材料不充分等事由导致其无法对决议事项作出判断时，可以提议会议对该事项暂缓表决。

提议暂缓表决的独立董事应当对提案再次提交审议所应满足的条件提出明确要求。

第四十四条 会议记录

独立董事应当督促公司制作董事会会议记录。董事会会议议程完成后，独立董事应当代表其本人和委托其代为出席会议的董事对会议记录和决议记录进行签字确认。独立董事对会议记录或决议记录有不同意见的，可以在签字时作出书面说明。

第四十五条 资料保管

独立董事就会议审议及相关事项进行的询问、调查、讨论等均应形成书面文件，与上市公司之间的各种来往信函、传真、电子邮件等资料应予保存，与公司工作人员之间的工作通话可以在事后做成要点记录。

董事会会议如果采取电话或者视频会议方式召开，独立董事应要求录音、录像，会后应检查并保存其电子副本。

前述资料连同公司向独立董事提供的纸面及电子资料，独立董事应当及时整理并妥善保存，必要时可要求公司提供相应协助。

第四十六条 会后的信息披露

在董事会会议或相关股东大会后，独立董事应督促上市公司及其他信息披露义务人及时履行法律、法规、规章及其他规范性文件所规定的披露义务。

独立董事可要求公司在公开披露信息后两日内，将载明公开信息的报纸名称及信息刊载位置或网上披露的信息文本及其网络地址告知独立董事。

独立董事应当核查公司公开披露的信息，若发现信息披露内容与董事会会议决议不符或与事实不符、方式不规范或存有其他疑义，应当及时通知、质询并督促公司进行澄清或更正。公司未能及时提供合作的，独立董事可向中国证监会派出机构或公司证券上市地的证券交易所报告。

第六章 附 则

第四十七条 针对特定上市公司和特定人员的特别规定

国家相关监管机构对商业银行、证券公司、期货公司、保险公司等金融机构上市公司的独立董事另有规定的，从其规定。

国家国有资产管理部门对国有控股上市公司的独立董事另有规定的，从其规定。

深圳证券交易所对中小板、创业板上市公司独立董事有特别规定的，从其规定。

国家相关部门对其管理的人员成为独立董事有特别规定的，从其规定。

第四十八条 指引解释及实施时间

本指引由中国上市公司协会负责解释。

本指引中“及时”“重大”等名词，参照中国证监会及证券交易所相关规定。

本指引自发布之日起实施。

本指引相关条款与新颁布的相关法律、行政法规、部门规章、规范性文件，以及证券交易所相关规则不一致时，以新颁布的相关法律、行政法规、部门规章、规范性文件以及证券交易所相关规则的相关条款为准。

附录 2　上市公司规范运作指引（节选）

一、董事会、监事会

第一条　上市公司召开董事会会议，应当在会议结束后及时将董事会决议（包括所有提案均被否决的董事会决议）报送本所备案。董事会决议应当经与会董事签字确认。

本所要求提供董事会会议记录的，公司应当按本所要求提供。

第二条　董事会决议涉及须经股东大会表决的事项或者本规则第六章、第九章、第十章和第十一章所述重大事件的，上市公司应当及时披露；董事会决议涉及本所认为有必要披露的其他事项的，上市公司也应当及时披露。

第三条　董事会决议涉及的本规则第六章、第九章、第十章和第十一章所述重大事件，需要按照中国证监会有关规定或者本所制定的公告格式指引进行公告的，上市公司应当分别披露董事会决议公告和相关重大事件公告。

第四条　董事会决议公告应当包括以下内容：

1. 会议通知发出的时间和方式；

2. 会议召开的时间、地点、方式，以及是否符合有关法律、行政法规、部门规章、规范性文件和公司章程规定的说明；

3. 委托他人出席和缺席的董事人数和姓名、缺席的理由和受托董事姓名；

4. 每项议案获得的同意、反对和弃权的票数以及有关董事反对或弃权的理由；

5. 涉及关联交易的，说明应当回避表决的董事姓名、理由和回避情况；

6. 需要独立董事事前认可或独立发表意见的，说明事前认可情况或所发表的意见；

7. 审议事项的具体内容和会议形成的决议。

第五条 上市公司召开监事会会议，应当在会议结束后及时将监事会决议报送本所备案，经本所登记后公告。

监事会决议应当经过与会监事签字确认。监事应当保证监事会决议公告的内容真实、准确、完整，没有虚假记载、误导性陈述或重大遗漏。

第六条 监事会决议公告应当包括以下内容：

1. 会议召开的时间、地点、方式，以及是否符合有关法律、行政法规、部门规章、规范性文件和公司章程规定的说明；

2. 委托他人出席和缺席的监事人数、姓名、缺席的理由和受托监事姓名；

3. 每项议案获得的同意、反对、弃权票数，以及有关监事反对或弃权的理由；

4. 审议事项的具体内容和会议形成的决议。

二、股东大会

第一条 上市公司应当在年度股东大会召开二十日前或者临时股东大会召开十五日前，以公告方式向股东发出股东大会通知。股东大会通知中应当列明会议召开的时间、地点、方式以及会议召集人和股权登记日等事项，并充分、完整地披露所有提案的具体内容。公司还应当同时在本所指定网站上披露有助于股东对拟讨论的事项作出合理判断所必需的其他资料。

第二条 上市公司应当在股东大会结束当日，将股东大会决议公告文稿、股东大会决议和法律意见书报送本所，经本所登记后披露股东大会决议公告。

本所要求提供股东大会会议记录的，上市公司应当按本所要求提供。

第三条　上市公司发出股东大会通知后，无正当理由不得延期或取消股东大会，通知中列明的提案不得取消。一旦出现延期或取消的情形，上市公司应当在原定召开日期的至少二个交易日之前发布通知，说明延期或取消的具体原因。延期召开股东大会的，上市公司应当在通知中公布延期后的召开日期。

第四条　股东大会召开前股东提出临时提案的，上市公司应当在规定时间内发出股东大会补充通知，披露提出临时提案的股东姓名或名称、持股比例和新增提案的内容。

第五条　股东自行召集股东大会的，应当在发出股东大会通知前书面通知上市公司董事会并将有关文件报送本所备案。在公告股东大会决议前，召集股东持股比例不得低于公司总股份的 10%，召集股东应当在发出股东大会通知前申请在上述期间锁定其持有的公司股份。

股东大会会议期间发生突发事件导致会议不能正常召开的，上市公司应当立即向本所报告，说明原因并披露相关情况以及律师出具的专项法律意见书。

第六条　股东大会决议公告应当包括以下内容：

1. 会议召开的时间、地点、方式、召集人和主持人，以及是否符合有关法律、行政法规、部门规章、规范性文件和公司章程的说明；

2. 出席会议的股东（代理人）人数、所持（代理）股份及占上市公司有表决权总股份的比例。未完成股权分置改革的上市公司还应披露流通股股东和非流通股股东分别出席会议情况；

3. 每项提案的表决方式；

4. 每项提案的表决结果。对股东提案作出决议的，应当列明提案股东的名称或姓名、持股比例和提案内容；涉及关联交易事项的，应当说明关联股东回避表决情况；未完成股权分置改革的上市公司还应披露流通股股东和非流通股股东分别对每项提案同意、反对、弃权的股份数，涉及需要流通股股东单独表决的提案，应当专门作出说明，发行境内上市外资股或者同时有证券在境外证券交易所上市的公司，还应当说明股东大会通知情况、内资股股东和外资股股东分别出席会议及表决情况；

5. 法律意见书的结论性意见，若股东大会出现否决提案的，应当披露法律意见书全文。

第七条 上市公司在股东大会上不得披露、泄露未公开重大信息。

三、董事、监事和高级人员管理

第一条 上市公司的董事、监事和高级管理人员应当在公司股票首次上市前，新任董事、监事应当在股东大会或职工代表大会通过其任命后一个月内，新任高级管理人员应当在董事会通过其任命后一个月内，签署一式三份《董事（监事、高级管理人员）声明及承诺书》，并报本所和公司董事会备案。

董事、监事和高级管理人员签署《董事（监事、高级管理人员）声明及承诺书》时，应当由律师见证，并由律师解释该文件的内容，董事、监事和高级管理人员在充分理解后签字。

董事会秘书应当督促董事、监事和高级管理人员及时签署《董事（监事、高级管理人员）声明及承诺书》，并按本所规定的途径和方式提交《董事（监事、高级管理人员）声明及承诺书》的书面文件和电子文件。

第二条 上市公司董事、监事和高级管理人员应当在《董事（监事、高级管理人员）声明及承诺书》中声明：

持有本公司股票的情况；

有无因违反法律、行政法规、部门规章、规范性文件、本规则或本所其他相关规定受查处的情况；

参加证券业务培训的情况；

其他任职情况和最近五年的工作经历；

拥有其他国家或地区的国籍、长期居留权的情况；

本所认为应当说明的其他情况。

第三条 上市公司董事、监事和高级管理人员应当保证《董事（监事、高级管理人员）声明及承诺书》中声明事项的真实、准确、完整，不存在虚假记载、误导性陈述或重大遗漏。

第四条　上市公司董事、监事和高级管理人员在任职（含续任）期间出现声明事项发生变化的，董事、监事和高级管理人员应当自该等事项发生变化之日起五个交易日内向本所和公司董事会提交有关该等事项的最新资料。

第五条　上市公司董事、监事和高级管理人员应当履行以下职责并在《董事（监事、高级管理人员）声明及承诺书》中作出承诺：

遵守并促使上市公司遵守国家法律、行政法规、部门规章、规范性文件，履行忠实义务和勤勉义务；

遵守并促使上市公司遵守本规则和本所其他相关规定，接受本所监管；

遵守并促使上市公司遵守《公司章程》；

本所认为应当履行的其他职责和应当作出的其他承诺。

监事还应当承诺监督董事和高级管理人员遵守其承诺。

高级管理人员还应当承诺及时向董事会报告有关公司经营或者财务方面出现的可能对公司股票及其衍生品种交易价格产生较大影响的事项。

第六条　上市公司董事应当履行的忠实义务和勤勉义务包括：

原则上应当亲自出席董事会，以正常合理的谨慎态度勤勉行事并对所议事项表达明确意见；因故不能亲自出席董事会的，应当审慎地选择受托人；

认真阅读上市公司的各项商务、财务报告和公共媒体有关公司的报道，及时了解并持续关注公司业务经营管理状况和公司已发生或可能发生的重大事件及其影响，及时向董事会报告公司经营活动中存在的问题，不得以不直接从事经营管理或者不知悉为由推卸责任；

《证券法》《公司法》规定的及社会公认的其他忠实和勤勉义务。

第七条　上市公司董事、监事和高级管理人员应当在公司股票上市前、任命生效时及新增持有公司股份时，按照本所的有关规定申报并申请锁定其所持的本公司股份。

公司董事、监事、高级管理人员和证券事务代表所持本公司股份发生变动的（因公司派发股票股利和资本公积转增股本导致的变动除外），应当及时向公司报告并由公司在本所指定网站公告。

第八条 上市公司董事、监事、高级管理人员和公司股东买卖本公司股份应当遵守《公司法》《证券法》、中国证监会和本所相关规定及公司章程。

上市公司董事、监事、高级管理人员自公司股票上市之日起一年内和离职后半年内，不得转让其所持本公司股份，拟在任职期间买卖本公司股份的，应当按有关规定提前报本所备案。

第九条 上市公司董事、监事、高级管理人员、持有公司股份 5%以上的股东，将其持有的该公司的股票在买入后六个月内卖出，或者在卖出后六个月内又买入，由此所得收益归该公司所有，公司董事会应当收回其所得收益，并及时披露相关情况。

第十条 上市公司在发布召开关于选举独立董事的股东大会通知时，应当将所有独立董事候选人的有关材料（包括但不限于提名人声明、候选人声明、独立董事履历表）报送本所备案。

公司董事会对独立董事候选人的有关情况有异议的，应当同时报送董事会的书面意见。

第十一条 本所在收到前条所述材料的五个交易日内，对独立董事候选人的任职资格和独立性进行审核。对于本所提出异议的独立董事候选人，上市公司不得将其提交股东大会选举为独立董事。

在召开股东大会选举独立董事时，公司董事会应当对独立董事候选人是否被本所提出异议的情况进行说明。

四、董事会秘书

第一条 上市公司应当设立董事会秘书，作为公司与本所之间的指定联络人。

公司应当设立由董事会秘书负责管理的信息披露事务部门。

第二条 董事会秘书对上市公司和董事会负责，履行如下职责：

1. 负责公司信息披露事务，协调公司信息披露工作，组织制订公司信息披露事务管理制度，督促公司及相关信息披露义务人遵守信息披露相关规定；

2. 负责公司投资者关系管理和股东资料管理工作，协调公司与证券监管机构、股东及实际控制人、保荐人、证券服务机构、媒体等之间的信息沟通；

3. 组织筹备董事会会议和股东大会，参加股东大会、董事会会议、监事会会议及高级管理人员相关会议，负责董事会会议记录工作并签字；

4. 负责公司信息披露的保密工作，在未公开重大信息出现泄露时，及时向本所报告并公告；

5. 关注媒体报道并主动求证真实情况，督促董事会及时回复本所所有问询；

6. 组织董事、监事和高级管理人员进行证券法律法规、本规则及相关规定的培训，协助前述人员了解各自在信息披露中的权利和义务；

7. 督促董事、监事和高级管理人员遵守法律、法规、规章、规范性文件、本规则、本所其他相关规定及公司章程，切实履行其所作出的承诺；在知悉公司作出或可能作出违反有关规定的决议时，应予以提醒并立即如实地向本所报告；

8.《公司法》《证券法》、中国证监会和本所要求履行的其他职责。

第三条 上市公司应当为董事会秘书履行职责提供便利条件，董事、监事、财务负责人及其他高级管理人员和公司相关人员应当支持、配合董事会秘书在信息披露方面的工作。

董事会秘书为履行职责有权了解公司的财务和经营情况，参加涉及信息披露的有关会议，查阅涉及信息披露的所有文件，并要求公司有关部门和人员及时提供相关资料和信息。

董事会秘书在履行职责过程中受到不当妨碍和严重阻挠时，可以直接向本所报告。

第四条 董事会秘书应当具备履行职责所必需的财务、管理、法律专业知识，具有良好的职业道德和个人品德，并取得本所颁发的董事会秘书资格证书。有下列情形之一的人士不得担任上市公司董事会秘书：

1. 有《公司法》第一百四十七条规定情形之一的；

2. 自受到中国证监会最近一次行政处罚未满三年的；

3. 最近三年受到证券交易所公开谴责或三次以上通报批评的；

4. 本公司现任监事；

5. 本所认定不适合担任董事会秘书的其他情形。

第五条 上市公司应当在首次公开发行股票上市后三个月内或原任董事会秘书离职后三个月内聘任董事会秘书。

第六条 上市公司应当在有关拟聘任董事会秘书的会议召开五个交易日之前将该董事会秘书的有关材料报送本所，本所自收到有关材料之日起五个交易日内未提出异议的，董事会可以聘任。

第七条 上市公司聘任董事会秘书之前应当向本所报送下列资料：

1. 董事会推荐书，包括被推荐人符合本规则任职资格的说明、职务、工作表现及个人品德等内容；

2. 被推荐人的个人简历、学历证明（复印件）；

3. 被推荐人取得的董事会秘书资格证书（复印件）。

第八条 上市公司在聘任董事会秘书的同时，还应当聘任证券事务代表，协助董事会秘书履行职责。在董事会秘书不能履行职责时，由证券事务代表行使其权利并履行其职责，在此期间，并不当然免除董事会秘书对公司信息披露事务所负有的责任。

证券事务代表应当参加本所组织的董事会秘书资格培训并取得董事会秘书资格证书。

第九条 上市公司董事会正式聘任董事会秘书、证券事务代表后应当及时公告并向本所提交下列资料：

1. 董事会秘书、证券事务代表聘任书或者相关董事会决议；

2. 董事会秘书、证券事务代表的通信方式，包括办公电话、住宅电话、移动电话、传真、通信地址及专用电子邮件信箱地址等；

3. 公司董事长的通信方式，包括办公电话、移动电话、传真、通信地址及专用电子邮件信箱地址等。

上述有关通信方式的资料发生变更时，公司应当及时向本所提交变更后的资料。

第十条 上市公司解聘董事会秘书应当具有充分理由，不得无故将其解聘。

董事会秘书被解聘或者辞职时，公司应当及时向本所报告，说明原因并公告。

董事会秘书有权就被公司不当解聘或者与辞职有关的情况，向本所提交个人陈述报告。

第十一条 董事会秘书有下列情形之一的，上市公司应当自事实发生之日起一个月内解聘董事会秘书：

1. 出现本规则第四条所规定情形之一的；

2. 连续三个月以上不能履行职责的；

3. 在履行职责时出现重大错误或疏漏，给投资者造成重大损失的；

4. 违反法律、行政法规、部门规章、规范性文件、本规则、本所其他相关规定或公司章程，给投资者造成重大损失的。

第十二条 上市公司应当在聘任董事会秘书时与其签订保密协议，要求其承诺在任职期间以及在离任后持续履行保密义务直至有关信息披露为止，但涉及公司违法违规的信息除外。

董事会秘书离任前，应当接受董事会、监事会的离任审查，在公司监事会的监督下移交有关档案文件、正在办理或待办理事项。

第十三条 上市公司董事会秘书空缺期间，董事会应当指定一名董事或高级管理人员代行董事会秘书的职责，并报本所备案，同时尽快确定董事会秘书人选。公司指定代行董事会秘书职责的人员之前，由董事长代行董事会秘书职责。

董事会秘书空缺期间超过三个月之后，董事长应当代行董事会秘书职责，直至公司正式聘任董事会秘书。

第十四条 上市公司应当保证董事会秘书在任职期间按要求参加本所组织的董事会秘书后续培训。

第十五条 上市公司在履行信息披露义务时，应当指派董事会秘书、证券事务代表或者第十三条规定代行董事会秘书职责的人员负责与本所联系，办理信息披露与股权管理事务。

参考文献

［1］邵宁．大企业治理架构［M］．南京：江苏人民出版社，2011.

［2］深圳证券交易所创业企业培训中心．上市公司规范运作指引［M］．2015 年修订版．北京：中国财政经济出版社，2015.

［3］英国董事协会．董事会标准［M］．北京：中国财政经济出版社，2004.

［4］仲继银．董事会与公司治理［M］．北京：中国发展出版社，2009.

［5］鲍勃・特里克（英）．董事［M］．北京：外文出版社，1997.

［6］Robin Wolaner.Naked in the Boardroom: A CEO Bares Her Secrets So You Can Transform Your Career［M］. New York: Simon Schuster, 2005.

［7］Jim C. Collins. Built to Last:Successful Habits of Visionary Companies［M］. New York: Harper Business, 1994.

［8］Jim Collins.Good to Great:Why Some Companies Make the Leap and Others Don’t. New York: Harper Collins, 2001.